Tobias Brocher

Zwischen Angst und Übermut

Vom Umgang mit sich selbst

ECON Taschenbuch Verlag

Die Deutsche Bibliothek – CIP-Einheitsaufnahme

Brocher, Tobias:
Zwischen Angst und Übermut: Vom Umgang mit sich selbst / Tobias Brocher.
– Düsseldorf; Wien: ECON Taschenbuch Verl., 1993
(ETB; 26023: ECON Sachbuch)
ISBN 3-612-26023-5
NE: GT

Lizenzausgabe

ECON Taschenbuch Verlag GmbH, Düsseldorf und Wien
März 1993
© 1985 by Kreuz Verlag, Stuttgart
Umschlaggestaltung: Molesch/Niedertubbesing, Bielefeld
Druck und Bindearbeiten: Ebner Ulm
Printed in Germany
ISBN 3-612-26023-5

Inhalt

Zwischen Hirn und Herz

E ine gewiß unvollständige Analyse der den heutigen Zeitgenossen bedrängenden Gefühle läßt ganz bestimmte
Erlebnisweisen erkennen, wobei die Angst im Vordergrund zu
stehen scheint. Wieweit die propagierten Ängste der Wirklichkeit entsprechen, wieweit sie gar den heimlichen Gewinn der
Angstlust enthalten oder der Verschiebung von inneren Ängsten auf äußerlich vermutete, befürchtete, vorgestellte oder
reale Bedrohungen der Existenz dienen, mag zunächst einmal
offenbleiben. Bedeutsam ist vielmehr, daß es Gefühle gibt, die
sowohl das Denken als auch das Handeln und Reden von
Millionen Menschen beeinflussen, die gleichzeitig davon
überzeugt sind, daß ihre Aktionen und Überlegungen der rationalen Logik des Verstandes entsprechen.

Die Art der Gefühle hat sich im Gegensatz zu den vielen
geschichtlichen und aktuellen rapiden Wandlungen der Lebensbedingungen und der Technik nicht verändert. Lediglich
die Ausdrucksweisen der menschlichen Gefühle haben sowohl
Einschränkungen erfahren als auch Zerstörungen, vor allem
zärtlicher, fürsorglicher und liebender Regungen. Nicht selten
erfolgt ein Rückfall in todbringenden Menschenhaß, Grausamkeit, Verachtung und unmenschliche Gleichgültigkeit dem
Leiden anderer gegenüber.

Diese Veränderungen sind das Ergebnis einer zunehmenden Verarmung des menschlichen Gefühls, dem die Nahrung
entzogen wurde. An seine Stelle sind jene Abstraktionen
getreten, die das menschliche Gehirn ersann, ein gegen die
Vernunft gerichteter, vom Wesen der Gefühle abgetrennter
Verstand. Die Vernichtungsphantasien politischer und militä-
rischer Kalkulationen entstammen dem Hirn abstrakt gewor-
dener Naturwissenschaftler, denen die völlige Spaltung von
Verstand und Gefühl so weitgehend gelang, daß sie die Ge-
fühllosigkeit ihrer Konstruktionen und Vernichtungsmaschi-

nerien im Dienste der Macht verleugnen, sich jedoch in ihrem Privatleben auf Inseln des scheinbaren Gefühls im Zusammenleben mit der Familie oder Freunden zu retten versuchen. Die Rationalisierung – die intellektuelle, erfolgreiche Abwehr der verdrängten Schuldgefühle – wird mit dem Begriff der Sachzwänge begründet. Die Zeitgenossen sind in der Gefahr, sich an die jeweiligen »Sachen« und Zwecke zu versklaven ohne den Mut, sich selbst einzugestehen, daß diese Welt des Gemachten auf die Macher zurückfallen wird.

»Sollte wohl die Vernunft, oder vielleicht besser der Verstand, wenn er auf Endursachen gerät, besser dran sein, als wenn er auf ein Diktat des Herzens gerät? Es ist ja noch eine große Frage, wodurch wir am stärksten mit der uns umgebenden Welt verbunden sind, von seiten des Herzens oder der Vernunft« (Georg Christoph Lichtenberg).

Als die chinesischen Generäle einst anstelle von Pfeil, Bogen und Schwertern Feuerwaffen einführten, starben viele von ihnen an plötzlichem, unerklärtem Herzversagen. Herzattacken gehören in den Industriestaaten zu den statistisch häufigsten Todesursachen in den verschiedensten Altersgruppen. Wie ist unser Herz mit der uns umgebenden Welt verbunden? Nicht nur die Dichter haben das menschliche Herz Jahrhunderte hindurch als den Ort der Gefühle besungen. Auch der Volksmund fand treffende Ausdrücke: In der Furcht »rutscht das Herz in die Hose«, vor Schreck bleibt das Herz fast stehen. Die Versagungen der Liebe und das Elend machen das Herzweh unerträglich. Tragische Liebe bricht das Herz, ungeliebt stirbt der Mensch am gebrochenen Herzen. Das Herz kann vor Freude fast zerspringen, in Sehnsucht nach dem Geliebten schmerzen. Aber auch Groll im Herzen kann das Leben verdunkeln. Herzlich grüßen wir einander in liebevollen Gedanken. Die Unruhe des Herzens treibt uns um.

Seit je hat der Volksmund die verschiedensten Gefühle mit menschlichen Organfunktionen verbunden. Auch bevor es die Idee einer psychosomatischen Medizin gab, wurden Rache, Haß, Ärger, Wut, Zorn, Eifersucht, Neid, Mißgunst, Geiz, Übermut, Hochmut, Ekel, Ehrgeiz, Scham, Reue, Wehmut, Grauen, Entsetzen, Schadenfreude, Empörung genauso wie Hoffnung, Heiterkeit, Jubel, Begeisterung, Freude, Güte und Liebe mit den verschiedensten Körperfunktionen verbunden.

Nur einige Beispiele mögen wiederum als Auswahl überzeugen: Galle läuft über; eine Laus ist über die Leber gelaufen; jemand ist gelb oder grün vor Neid; Kummer drückt das Herz ab. Jemand sieht rot vor Wut. Ärger schlägt auf den Magen. Geiz verstopft die Gedärme. Menschen werden rot vor Scham, bleich vor Entsetzen, zittern vor Angst oder Empörung. Auch hier ließe sich die Reihe in vielen Sprachen und Dialekten fortsetzen. Von alledem hält die strikt naturwissenschaftliche Medizin nicht viel, weil alle diese Erscheinungen im Irrgarten der Gefühle sich weder unter dem Mikroskop noch im Reagenzglas oder auf dem Röntgenbild nachweisen lassen. Die ungerechtfertigte Pervertierung und Reduktion des modernen Wissenschaftsbegriffes auf die rein intellektuell-kognitiven Bereiche des Messens, Zählens und Wägens läßt auch bei noch so verfeinerten Methoden kaum Raum für die nachweisbare physiologisch-chemische Wirkung menschlicher Gefühle, sie gelten als eine naturwissenschaftlich auszuschließende Ursachenkategorie. Vielleicht wird die zeitgenössische Enttäuschung einer klinisch orientierten Schulmedizin und der oft falsche Drang, sich magischen, mystischen oder scheinbaren Naturheilmethoden zuzuwenden, erklärbarer, wenn wir die allgemeine Trennung von Gefühl und Verstand im Alltagsleben genauer studieren.

Bei Blaise Pascal lesen wir: »Das Herz hat seine Ordnung; der Geist hat die seine, er fordert Grundsätze und Beweise; das Herz kennt ein anderes. Man beweist nicht, daß man lieben solle, durch die Darlegung der Ursachen der Liebe, das wäre lächerlich« (Pensées 283). Und an anderer Stelle: »Unsere ganze Fähigkeit zu urteilen löst sich rückführend im Gefühl auf. Die Phantasie ist dem Gefühl ähnlich und entgegengesetzt, so daß man diese Gegensätze nicht unterscheiden kann. Einer sagt, mein Gefühl ist Phantasie, der andere, seine Phantasie sei Gefühl. Man müßte eine Richtschnur haben. Die Vernunft bietet sich an, aber sie ist nach jeder Richtung zu biegen, also gibt es keine« (Pensées 274). Und weiter: »Wir erkennen die Wahrheit nicht durch die Vernunft, sondern auch durch das Herz« (Pensées 282).

Pascal führt mit seinem Begriff des Herzens eine andere Ordnung ein, an der aber gerade die Irrtümer und Verluste zeitgenössischer Scheinordnungen deutlicher erkennbar werden. Bleiben wir zunächst bei dem Verhältnis von Denken und Fühlen und unterstellen, daß die naturwissenschaftliche Abstraktion sowohl die Denkvorgänge als auch jedes Gefühlserleben in bestimmte Teile des menschlichen Gehirns verlegt und die verschiedenen Organreaktionen auf solche Gefühle, wie sie der Volksmund lokalisieren zu können glaubt, als sekundäre Erscheinungen beurteilt, die auf teilweise instinktiven Überresten beruhen sollen. Nun ist das Großhirn, dem diese Eigenschaften des Denkens und Fühlens sowie der geistigen Reflexion des Handelns als Bewußtsein zugeschrieben werden, entwicklungsgeschichtlich ein relativ später Überbau des primär vorhandenen primitiveren Stammhirns, das viele Lebensfunktionen regelt. Ähnlich hat sich im Laufe der Forschung herausgestellt, daß das limbische System, ein Kernstück des mittleren Hirnteils, auf eine noch nicht voll erkannte Weise Zusammenhänge mit den menschlichen Gefühlen und Affekten, vor allem aber auch eine Filterwirkung vermuten läßt. Dieses Dreifachhirn ist die Basis sowohl unserer Gefühle wie unserer Instinkte und unseres Denkens. Tierversuche allein geben keine genügende Vergleichsauskunft. Das menschliche Problem bleibt jedoch im Alltagsleben bestehen, was eigentlich aus unterdrückten oder verdrängten Gefühlen wird, vor allem aber, was es ermöglicht, Gefühle so weitgehend aus dem Bewußtsein zu verbannen, daß sie zumindest nach außen keine Wirkung mehr entfalten können.

Geschichtlich scheint von Bedeutung, daß die Einordnung des Gefühls als eines geistigen Vermögens des Menschen neben Denken und Wollen mit gleichem Rang erst kurz vor Immanuel Kant erfolgte. 1777 veröffentlichte Nikolaus Tetens in Holland die »Philosophischen Versuche über die menschliche Natur«. Davor galten mit Thomas von Aquin nur Vernunft und Willen als bedeutsam. Die ursprüngliche Formel Descartes »Cogito, ergo sum« läßt das Denken als die einzige Grundlage des Seins erscheinen, so als existiere weder das zu dieser Art des Denkens noch unfähige Kind noch der Fieberkranke ohne volles Bewußtsein. Der Grundgedanke von Tetens war, daß der Mensch im Denken und Handeln stets gleichzeitig auch fühlt. In der Folge ist es Hegels Einfluß, der mit dem Ziel, den reinen Gedanken vom »unsicheren Wabern des Geistes« zu trennen, schließlich alles geistige Vermögen auszumerzen versucht, das nicht rein logisch zu fundieren und in These und Antithese auflösbar ist (Wissenschaft der Logik, 1. Buch, 1. Kapitel § 66). Von hier aus wird erst verständlich, daß Gefühle aus der wissenschaftlichen Arbeit als Störung rationalen Denkens ausgeschlossen wurden, wodurch der Selbstzweck der sogenannten exakten Methoden der Naturwissenschaften den heutigen Wissenschaftsbegriff weitgehend bestimmt. Karl Jaspers Definition: »Unwissenschaftlich ist alles Totalwissen als ob man im ganzen Bescheid wüßte« (Rede zur Erneuerung der Universität Heidelberg, 1945) schließt die Möglichkeit des Interesses für menschliche Gefühle weitgehend aus, da die Meßgeräte ihnen gegenüber versagen. Wie widersprüchlich diese einseitige Perspektive tatsächlich ist, geht allein schon daraus hervor, daß in Glaubwürdigkeitsuntersuchungen die allein von inneren Gefühlsreaktionen ausgehenden physiologischen Veränderungen (Pulsschlag, Blutdruck, Atemfrequenz, Hautreaktionen) mit dem sogenannten »Lügendetektor« doch als Beweis gemessen werden.

Die Grenze zwischen Bewußtsein und verdrängten Inhalten, deren Gefühlstönung durch bestimmte Assoziationen, ähnlich wie in der experimentellen Psychologie für andere Ziele, auch gegen den Willen des Betreffenden, mobilisiert werden kann, verweist eben doch auf Gefühlsinhalte, die zwar nicht direkt mit dem Denken und Wollen verbunden sind, aber dennoch stets gleichzeitig ablaufen, ohne daß sie etwa der totalen Kontrolle des Denkens oder Wollens unterworfen werden könnten.

Nun gibt es für jeden Menschen ein Daseinsgefühl, daß sich aus der Gewißheit des zeitlich niemals vorausehbaren Todes ableitet. Dieses »Ich bin in der Welt, hier und jetzt« beschränkt sich dabei keineswegs auf diese Gegenwart, sondern schließt stets die Ereignisse und die damit verbundenen Gefühle der Vergangenheit als Erinnerung mit ein. Andernfalls würden wir kaum versuchen, bestimmte, mit Unlustgefühlen aus früheren Erlebnissen verbundene, ähnlich wiederkehrende Situationen zu vermeiden oder andere, stärker lustbetonte und erfreuliche Situationen wieder zu ersehnen oder herbeizuführen. Gefühle gehorchen nicht den Gesetzen der Logik, des Verstandes oder der Konzentration des Willens. Im Gegenteil, sie überkommen uns und sind plötzlich da, aber immer schon eher als Verstand und Wille. Letztere bauen auf den Gefühlen auf, beeinflussen und verändern sie in unserem Denken und Handeln, können aber nicht nachträglich die Gefühle bestimmen, durch die sie in Bewegung gesetzt wurden.

Gefühle erscheinen dem wissenschaftlichen Denken unserer überwiegend technisch-naturwissenschaftlich orientierten, intellektuell-kognitiven Weltsicht offenbar zu vage und unbestimmt, um sie als mögliche Motivationsfaktoren menschlichen Handelns überhaupt in Betracht zu ziehen. Immerhin zieht die überwiegend auf die Logik des Verstandes aufgebaute Rechtswissenschaft in der praktischen Rechtsprechung das Gefühl, zum Beispiel der Eifersucht, des Neides oder des Hasses, als Tatmotiv in Betracht, sogar so weitgehend, daß bestimmte Gefühlszusammenhänge, zum Beispiel Affektdruck, Provokation usw., strafmildernd oder als das bewußte Handeln beeinflussende Faktoren für die Urteilsfindung ausschlaggebend sein können. So häufig auch im allgemeinen Vorurteil Advokaten als gefühllos angesehen werden, so sehr erweist sich gerade in der »Zerreißprobe der Hauptverhandlung«, in welchem Ausmaß eine weite Skala von Gefühlen menschliches Handeln und Irren beeinflußt. Entscheidend bleibt dabei, daß die Rechtsprechung stets davon ausgeht, daß Gefühle durch Verstand und Willen in einem Maße steuerbar und kontrollierbar seien, das im Verhalten eine Anpassung an bestehende Gesellschaftsnormen möglich macht. Sowohl die Kriminalitätsstatistik wie die Einzelheiten vieler zivilrechtlicher Streitfälle, insbesonders in Ehescheidungsprozessen, verdeutlicht, in welchem Umfang gerade die nicht mehr steuerbaren Gefühle das Denken und Handeln überfluten können und die Abweichung von den im Bewußtsein durchaus vorhandenen Normforderungen verursachen. Welche Gefühle dabei im einzelnen ausschlaggebend sind, hängt keineswegs immer nur von der Einzelperson ab, sondern vielmehr davon, auf welche Weise sich das Beziehungsgefüge mit anderen Menschen sowohl in der Primärgruppe (Ursprungsfamilie, Waisenhaus, Pflegeeltern) als auch in den späteren Sekundärgruppen (Schule, Kirche, Freundesgruppen, Organisationen, Arbeitsplatz) entwickelt hat. Dafür läßt sich kaum ein allgemein gültiges Schema aufstellen, obgleich Gefühle wie Eifersucht, Neid, Mißgunst, Rache, Überdruß und Wut oft im Vordergrund stehen oder zur nachdrücklichen Erklärung unkontrollierten Handelns herangezogen werden.

Unsere Normvorstellungen gehen dabei von der theoretischen Forderung aus, daß es jedem Menschen möglich sei, mit Hilfe seines rationalen Denkens und seiner bewußten Willensentscheidungen sein Handeln so zu entwickeln, daß keine Schädigung eines Dritten erfolgt, sei dies nun eine Person oder ein anerkanntes Rechtsgut. In bedenklichem Gegensatz hierzu stehen eine Reihe von technischen Erfindungen und Fortschritten, die bewußte Planungen von Menschentötungen ermöglichen. Allein die Verhandlungen über die Verwendung, den Ausbau oder Abbau solcher modernen Massenvernichtungsmittel weisen darauf hin, daß dabei von der Annahme ausgegangen wird, es handele sich um »rationale« Vorgänge. Die Frage, wieweit Gefühle als irrationale Motive derartiger Machtstrebungen existieren, wird nicht mehr gestellt, obwohl allein die Vernichtungsdrohung als Möglichkeit in Millionen von betroffenen Menschen das Gefühl der Angst und Unsicherheit auslöst. Diesen real berechtigten Gefühlen der Angst wird mit Mißachtung begegnet, auch mit der nur scheinbar vernünftigen Begründung der Sachzwänge. Sieht man sich die entsprechende Fachliteratur, zum Beispiel über Strahlenwirkungen von Atomraketen (fall-out), die nüchternen Kalkulationen über die Anzahl der zu erwartenden Toten und das Ausmaß der Zerstörung genauer an, so entsteht die bisher nur wenig erörterte, noch in keiner Weise gelöste Frage, wie weit in diesen nur scheinbar technisch-intellektuellen »Szenarios« als Gefühlsmotiv eine geheime Lust am Untergang, oder krasser formuliert: ein Tötungsrausch enthalten ist. Dieser Gefühlshintergrund würde mit Sicherheit von den beteiligten Politikern, Militärs, Wissenschaftlern und Verhandlungspartnern unter Hinweis auf die unausweichlichen »Sachzwänge« heftig bestritten werden. Als Beweis würde vielleicht die Tatsache angeführt, daß die jeweils Beteiligten friedliche Mitbürger seien, die ihre Kinder lieben und sich des Lebens durchaus erfreuen wie jeder andere. Wie weit ist aber diese Art von Spaltung zwischen Beharren auf der Logik der scheinbar unausweichlichen »Sachzwänge« und den davon abgespaltenen »privaten, gemütvollen Gefühlserlebnissen« von jenen Ereignissen entfernt, die in der neueren Geschichte die Massentötung von Millionen Unschuldiger aufgrund rassistischer Vorurteile bewirkt haben? Rechtfertigt die Ideologie die völlige Verleugnung und Verdrängung des zugrundeliegenden Gefühls einer das Leben von Millionen Menschen vernichtenden, irrationalen Allmachtsvorstellung? An keiner Stelle wird die in erschreckendem Ausmaß entstandene Perversion der Wissenschaft und des naturwissenschaftlichen Denkens deutlicher als in diesem schleichenden Spaltungsprozeß scheinbar logischen Denkens, das jedes zugrundeliegende Gefühl der Mitmenschlichkeit zugunsten des unbewußt gewordenen Gefühls eines unbegrenzten Machtrausches ausschließt.

Obgleich wir dazu neigen, Verstand und Vernunft als in unserem Kopf befindlich zu vermuten, bleibt es fraglich, ob diese Vorstellung zutrifft. Dennoch weist uns ein in der Alltagssprache gebräuchliches (im Duden nicht verzeichnetes) Wort wie etwa »verhirnt« auf einen Zustand hin, der halb im Spott die Einseitigkeit abstrakten Denkens kennzeichnen soll, die als Funktion des Gehirns angesehen wird. Auch die Erweiterung, nämlich der bayerische Ausdruck »hirnrissig«, kennzeichnet die Vorstellung, daß durch einen schadhaften Riß im Gehirn beim anderen nicht alles in seinem Denken seine Ordnung hat. Wir denken also mit dem Kopf, so nehmen wir deshalb auch an, daß ein »Hirnschaden« zu Ausfällen von Denkleistungen führen kann. Aber wodurch wird dieses Denken beeinflußt? Wo und wie entstehen unsere Vorstellungen von der Welt, von unserer Umgebung, von uns selbst?

Sobald wir uns diese Frage stellen, wird erkennbar, daß es sich um einen sehr langen Entwicklungsweg handelt, wenn hier und heute ein erwachsener Mensch versucht, sich darauf zu besinnen, wie und warum er so geworden ist, wie er nun glaubt zu sein. Und wie viele Menschen stehen nur allzuoft vor dieser Frage, spätestens dann, wenn ihnen aus rein rechnerischen Überlegungen klar wird, daß sie zwischen dem 30. und 35. Lebensjahr etwa die Hälfte der möglichen Lebensstrecke mit einer Durchschnittslebenserwartung von etwa 70 Jahren erreicht haben. In vielen offenen Einzelgesprächen sind mir dann oft jene typischen Fragen begegnet, die sich merkwürdigerweise trotz aller Wandlungen der äußeren Lebensverhältnisse wiederholen: »Ist das nun alles? Wie bin ich hierher gekommen? Wie geht es weiter? Hat sich die Mühe gelohnt?

Was habe ich versäumt? Läßt sich noch etwas nachholen, oder ist alles fast schon vorbei? Wollte ich das alles ursprünglich, was ich heute bin?« Vielleicht tauchen diese Fragen beim einzelnen auch früher oder später auf, spätestens jedoch dann, wenn sich in zunehmendem Maße innere Konflikte entwickeln, die aus dem Gegensatz dessen entstehen, was man jeweils denkt, tut, sagt oder verschweigt, aber dennoch fühlt.

Es sind eine Reihe von Gegensätzen, durch die solche Konflikte ausgelöst werden, so etwa der Widerspruch zwischen Wissen und Handeln, aber auch der Gegensatz von Wissen und Sein. Ein Mann, der ständig mit seinem Übergewicht kämpft, gleichzeitig aber viele Ängste vor den Folgen eines möglichen frühen Herzanfalles hat, drückt das so aus: »Ich weiß, daß ich nicht so viel essen sollte, aber es schmeckt mir halt so gut!« Der scheinbaren Einsicht der Vernunft steht offenbar ein unwiderstehliches Bedürfnis gegenüber, das sich trotz (oder wegen?) aller Bemühungen nicht erfolgreich abwehren läßt. Zurück bleibt ein ungutes Gefühl, das nicht einmal voll bewußt wird. Auf eine mehr allgemeine Formel gebracht, hat wohl jeder Mensch schon Augenblicke erlebt, in denen er sagen müßte: »Ich weiß genau, daß mein Handeln falsch ist, aber ich kann in diesem Moment dieser Einsicht nicht folgen.«

Ein tödliches Beispiel ist der Geschwindigkeitsrausch junger Menschen am Steuer eines Autos oder auf einem rasanten Motorrad. Auch ohne Kenntnis der physikalischen Formel für den möglichen Aufprall ist jedem Fahrer die Gefahr des Kontrollverlustes durchaus klar. Der Kopf, das Hirn »weiß« es. Aber ein anderes, durchaus unvernünftiges Bedürfnis setzt sich durch, oft genug aus sehr verschiedenen Motiven, die keineswegs klar sind. Wir mögen vermuten, daß hinter dem rauschhaften Wunsch nach Steigerung der Geschwindigkeit und dem Bedürfnis, die Grenzen des Risikos zu erfahren, unbewußte Selbstzerstörungstendenzen stehen könnten. Aber woher stammt dann ein solches unbewußtes Bedürfnis im Leben eines jungen Menschen, der noch alle Möglichkeiten der Zukunft vor sich hat?

Im Versuch, etwas mehr Klarheit darüber zu schaffen, wie solche Widersprüche zwischen Einsicht und Handeln in uns entstehen, bleibt uns kein anderer Weg, als die jeweiligen Lebenslinien so weit zurückzuverfolgen, daß wir zu verstehen beginnen, warum sie sich an bestimmten Stellen im Leben des einzelnen plötzlich unlösbar verknoten, oft genug so, daß eine Art Schicksalsschlinge daraus wird, in der jemand, entgegen seinen eigenen Erwartungen und Lebensplänen, jäh hängenbleibt.

Wir bewegen uns also im Grunde ständig *zwischen* Verstand und Gefühl, die wir in Hirn und Herz verlegen, sosehr wir auch davon überzeugt sein mögen, daß unsere Entschlüsse und Handlungen völlig »rational«, also ausschließlich von unserem Verstand vernünftig begründet seien. Das führt dazu, daß wir glauben, uns selbst und anderen gegenüber stets mit ausführlichen Begründungen scheinbar logisch erklären zu müssen, was wir jeweils tun, sagen oder denken, obgleich es durchaus irrational sein kann. Man nennt diesen Vorgang auch »Rationalisierung«, nämlich eine verstandesmäßige Begründung, die deshalb keineswegs etwa stets vernünftig oder logisch sein muß, weil sie meist nur dazu dient, die einer Handlung, einem Gedanken oder einer wortreichen Erklärung zugrundeliegenden Gefühlsinhalte und wirklichen Motivationen zu verhüllen. Das erscheint auf den ersten Blick recht kompliziert, denn wann bemühen wir uns schon je darum, uns selbst genauer um die eigenen Gefühle zu kümmern, geschweige denn, sie anderen mitzuteilen, solange unser Verhalten »logisch« erscheint? Dabei sind diese Gefühle und Bedürfnisse und deren Verschweigen die Hauptursache der mitmenschlichen Spannungen, Konflikte, Mißverständnisse und Entfremdungen, sei es zwischen Ehepartnern, Eltern und Kindern, Geschwistern oder Berufskollegen. Wir fürchten jedoch meist, daß eine Offenbarung unserer wirklichen Gefühle zu größeren Schwierigkeiten führen könnte. Als Endergebnis unterscheiden wir scharf zwischen jenem »Innen«, das uns nur selbst etwas angeht, von dem wir aber nur ungern die wirklichen Inhalte preisgeben, die den anderen vermeintlich nichts angehen, und dem »Außen«, das uns ein bestimmtes Anpassungsverhalten ratsam erscheinen läßt. Als Folge stellt sich dann leicht eine Art des Verhaltens ein, die in der Alltagssprache durch das Wort »man« gekennzeichnet ist. Man tut, sagt, denkt und fühlt eben dies und jenes nicht, weil man sich jenen Regeln und Normen unterwerfen zu müssen glaubt, deren Ursprung eigentlich gar nicht mehr voll bewußt ist. Das ergibt einen neuen Gegensatz zwischen dem, was ich tun, sagen, denken und fühlen möchte, und dem, was man tun, sagen, denken und fühlen soll. Verschärft sich dieser Gegensatz zwischen innen und außen im Laufe der weiteren Entwicklung, so kann eine so starke Selbstentfremdung eintreten, daß ernsthafte Zweifel entstehen, ob dieses »Ich« überhaupt wirklich existiert.

Die Persönlichkeitspsychologie benutzt den Begriff der »Ich-Schwäche«, um damit zu verdeutlichen, daß ein äußerlich scheinbar hervorragend an alle gesellschaftlichen Regeln angepaßter Mensch dennoch im Grunde innerlich so unsicher geblieben sein kann, daß er zwar alles tut, was »man« seiner Vorstellung nach tun oder lassen muß, aber nicht in der Lage ist zu verwirklichen, was er selbst, nämlich sein Ich will. Freilich bleibt dieses Ich nicht farblos, sondern hängt vielen Wünschen, Phantasien, Sehnsüchten und Bedürfnissen nach, die aber im Inneren verborgen bleiben und kaum nach außen verwirklicht werden können. Wir begegnen dann einer Persönlichkeitsstruktur, die scheinbar schon immer so gewesen ist. Bei genauerem Hinsehen stellt sich jedoch heraus, daß es sich um eine ganz bestimmte Entstehungsgeschichte handelt, die sehr früh begonnen hat.

Wenn wir zuvor den etwas spöttischen Begriff der »Verhirntheit« nur flüchtig betrachtet haben, rückt seine Bedeutung deshalb in den Vordergrund, weil bestimmte Formen der Erziehungseinstellungen im Elternhaus, in Gesellschaft und Schule zu einer überscharfen Trennung von Verstand und Gefühl führen können, die sich dann später im Leben des Erwachsenen auf nachhaltige Weise auf seine weitere Entwicklung auswirken können, vor allem aber häufig zu einer Fehlbeurteilung der Wirklichkeit führen. Während unsere durchschnittliche Erziehung zunehmend die Ausbildung der intellektuell-kognitiven Verstandesseite, also der logischen Denkfähigkeit in der Erfassung von Zusammenhängen fördert, um Schlüsse zu ziehen, zu urteilen, Begriffe zu verstehen und denken zu lernen, wird dabei oft übersehen, daß mit jeder Art von Lernprozeß gleichzeitig wechselnde Gefühle verbunden sind.

Ursprünglich erleben wir alle unsere Umwelt nur durch angenehme, lustvolle, befriedigende oder unangenehme, unlustvolle, unbefriedigende und schmerzliche Gefühle. Wir sind in hohem Maße abhängig von der Zuwendung und Bejahung durch unsere Umgebung. Das frühe »Ja« und »Nein«, die Vielfalt der Gebote und Verbote, das Maß an Zuwendung, Förderung oder Ablehnung und Hemmung läßt dann ganz bestimmte Vermeidungen und die Unterdrückung von Bedürfnissen und Gefühlen entstehen, um die einmal erlebte Unlust, Enttäuschung oder den erlittenen Liebes- und Zuwendungsverlust zu verhüllen, die zuvor als Folge offenbar unerwünschten Verhaltens erfahren wurden. Dabei besteht durchaus noch keine Sicherheit hinsichtlich dessen, was etwa jeweils als »falsch« oder »richtig« gelten könnte, sondern die einzigen Maßstäbe bleiben für lange Zeit die Bejahung und Zuwendung oder die Verneinung, Abweisung und als schmerzlich empfundene Isolierung durch die ursprüngliche Umgebung. »Geh in die Ecke und schäme dich« – »Mit dir rede ich nicht mehr« – »Was glaubst du denn ... wie kannst du nur?« Das sind nur einige Formeln, die darauf hinauslaufen, daß wir ursprünglich in unserem Gefühl von einer Formel der Umgebung beherrscht werden, die etwa lautet: »Du bist meiner Liebe, Zuwendung, Unterstützung und Aufmerksamkeit nur dann wert, wenn du ... «, und hier können wir beliebig die Regeln des »man« einsetzen, die als Sozialisierungsprozeß zu langanhaltenden inneren Dressurinhalten werden können. Also müßten wir fortfahren: »Wenn du ... ordentlich, gehorsam, sauber, pünktlich, still und doch aufgeweckt, neugierig und doch taktvoll usw. bist.« Jeder mag hier für sich ergänzen, was in seiner Vorstellung die größte Bedeutsamkeit für ihn hätte.

Was wir mit dem Begriff des Sozialisierungsprozesses bezeichnen, ist in Wirklichkeit ein sich ständig fortsetzender Widerstreit zwischen Gefühlen, die sich im Laufe der Jahrtausende in keiner Weise geändert haben, und Erfahrungen, die uns zwingen, bestimmte Gefühle zu verbergen, zu beherrschen oder in solcher Weise umzuwandeln, daß sie mit den viel später erworbenen Einsichten der Vernunft in Einklang zu bringen sind.

Anpassung bedeutet demnach ursprünglich, sich auf die jeweils von der frühen Umgebung gewünschte Weise zu verhalten, und zwar so, daß Unlustgefühle weitgehend vermieden werden können. Wir sehen bereits hier, daß diese Entwicklung je nach dem speziellen Familienstil, den verschiedenartigsten kulturellen, religiösen und sozialen Bedingungen nach, zu ganz verschiedenen Ergebnissen führen kann, je nachdem, ob das Kind von frühester Kindheit an in seiner Eigenständigkeit bejaht und behutsam an notwendige Lernprozesse herangeführt oder durch eine wortkarge Kommando- und Gebärdensprache mehr oder weniger rücksichtslos an den Standard und die Verhaltensweise der Erwachsenen-Umgebung angepaßt wird. Gerade im letzteren Falle kommt es dann leicht zu einer frühzeitigen Überentwicklung der kognitiv-intellektuellen Fähigkeiten, bei der das Denken und die Logik schnell überwiegen, allerdings oft um den Preis einer Unterdrückung und späteren Verkümmerung der Gefühle, die dann in primitiven Affektstürmen jederzeit durchbrechen können. Dabei bleibt die Erlebnisfähigkeit durchaus erhalten, jedoch verringert sich die Möglichkeit, Gefühle auszudrücken und mitzuteilen, in dem Maße, in dem die Verstandesmöglichkeiten überentwickelt werden. Ein von einsichtigen Pädagogen heute oft bedauerter Zustand ist der zunehmende Unterschied zwischen rein intellektueller Wissensvermittlung und mangelnder Wesensbildung, der dann besonders in extremer Gefühlskälte als Abwehr einer im Inneren bestehenden, jedoch verleugneten Verletzlichkeit der unentwickelt gebliebenen Gefühlssphäre zum Ausdruck kommt. Was im Fachjargon heute als »narzißtischer Charakter« (nur ungenau etwa mit Eigenliebe und Selbstbezogenheit übersetzbar) bezeichnet wird und jetzt häufiger auftritt als im vorigen Jahrhundert, beruht offenbar auf der Unfähigkeit, mitmenschliche Wärme zu erleben, mitzufühlen, sich in einen anderen Menschen hineinzuversetzen und, wie die Alltagssprache es ausdrückt, »ein Herz für andere zu haben«. Die modern gewordenen Autoaufkleber wie etwa »Ein Herz für Tiere, Kinder usw.« verdeutlichen ein Bedürfnis, besagen aber keineswegs, daß der Inhalt der Aussage auf den jeweiligen Träger zutrifft.

Eine der Voraussetzungen »fortschrittlicher« Bildung ist sicher – besonders im Hinblick auf die schnell ansteigenden Forderungen und Voraussetzungen der technisch-naturwissenschaftlichen Entwicklungen und ihrer praktischen Anwendung – die Fähigkeit zu abstrakt-logischem Denken, das weitgehend ohne Anschaulichkeit bleiben muß. Mathematisch-

logische, physikalische, chemische und biochemische Begriffs-
operationen bedürfen durchaus jener Tätigkeiten des Gehirns,
seiner Zellprozesse und der damit verbundenen biochemischen Stoffwechselvorgänge, die dieses abstrakte Denken ermöglichen. In einseitiger Verteidigung dieses Bereiches
kommt es daher leicht zu einer Ablehnung, wenn nicht sogar
Abwertung des menschlichen Gefühlsbereiches als angebli-
cher »Gefühlsduselei«. Letzteres vermittelt dann ein Wertur-
teil, als seien menschliche Gefühle ein Zeichen von Schwäche,
Weichheit, Ungenauigkeit und kostspieliger Träumerei. Fragen wir uns jedoch, was etwa die Gefühlsmotivation intensiver
Forschung sein könnte, so stoßen wir unweigerlich auf Gefühle wie Ehrgeiz und Konkurrenzängste. Daß hinter dem
höchst abstrakten Forschungsbestreben als ursprünglicher Be-
weggrund kindliche Neugierde steht, die auf eine kaum noch
erkennbare höhere Stufe gebracht wurde, wird erst dann voll
bewußt, wenn dem einzelnen Wissenschaftler Fehlschläge und
Irrtümer unterlaufen, die ihn in eine Sackgasse seiner Logik
führen. Mit Sicherheit aber würden die meisten Wissenschaftler, deren Gedankengänge in abstrakten Bahnen verlaufen,
einen Zusammenhang ihres Denkens mit ihrer Gefühlswelt
verneinen. Wie mir ein bekannter Naturwissenschaftler im Pri-
vatgespräch einst mitteilte, kann auch die ursprüngliche Angst
ein Motiv für intensive Forschung sein. Der Betreffende er-
klärte mir, daß er seit seiner Kindheit Angst vor dem Sterben
habe, was ihn dazu veranlaßt habe, später eine biochemische
Forschung zu beginnen, die im Grunde auf die Verlängerung
des Lebens gerichtet sei.

Nun gibt es gleichzeitig auch für den abstrakten Denker jene
Bereiche mitmenschlicher Bedürfnisse, die in Liebesbeziehungen, Ehe, Umgang mit Kindern und mitmenschlichen Kontak-
ten unvermeidlich auch seine Gefühlsbeteiligung fordern. Gerade in diesen Bereichen kommt es dann zu jenen vielfältigen
Konflikten zwischen Hirn und Herz, in denen deutlicher erkennbar wird, daß entweder eine intensive Nachentwicklung
der vernachlässigten Gefühlsbereiche erfolgen müßte oder
durch die Spaltung zwischen unentwickelter Gefühlswelt und
überentwickeltem, abstrakten Denkvermögen nicht nur ernste
Lebenskrisen, sondern oft genug mitmenschliche Katastro-
phen und Krankheiten entstehen können.

Der häufig in diesem Zusammenhang gebrauchte Begriff der »mittleren Lebenskrise« erscheint mir aus zwei Gründen irreführend. Einmal besteht durchaus keine Notwendigkeit, die Durchgangsstrecke des mittleren Lebensalters unbedingt als »Krise« zu erleben, allenfalls im Sinne einer möglichen positiven Wandlung. Vielmehr führt die Verwaschenheit dieses etwas vagen Begriffes leicht dazu, daß »man« sich verpflichtet fühlt, eine Krise zu haben, obwohl der Wandel und die Reifung der inneren Lebenseinstellung sich völlig natürlich vollziehen können und eher zu größerer Harmonie mit dem Lebenspartner, den Kindern und jüngeren wie älteren Mitarbeitern führen würden. Das Modische des Krisenbegriffs mag dann dazu verleiten, daß sich der einzelne, dem der Übergang ohne große Krise gelingt, beinahe so erlebt, als weiche er von einer künstlich erfundenen gesellschaftlichen, kulturpessimistischen »Norm« ab, die ihn angeblich zum Erlebnis einer Krise verpflichtet. Zum zweiten beinhaltet der Begriff der Krise ursprünglich die Möglichkeit der Wandlung zum Positiven, nämlich zur Weiterentwicklung und Reifung von einem abgelebten Durchgangsstadium zur nächsten Lebensstufe. Dazu gehört allerdings, daß der Lebensablauf als fortgesetzte, der Richtung nach nicht umkehrbare Entwicklungsstrecke wahrgenommen wird, die stetige, lebendige Wandlung erfordert.

Freuds ursprüngliche Idee und Hoffnung war es, als strenger Naturwissenschaftler eines Tages nicht nur die organischen Quellen der beobachtbaren seelischen Erlebnisse zu finden, sondern auch umgekehrt ergründen zu können, welche organischen Veränderungen möglicherweise durch unbewältigte seelische Inhalte und Verdrängungen ausgelöst werden könnten. Obwohl noch immer in den Anfängen, hat die neuere psychosomatische Medizin beide möglichen Einflüsse folgerichtig zum Gegenstand der Forschung gemacht. Dabei ist es wichtig, bereits an einfachen, alltäglichen körperlichen Erscheinungen nachweisen zu können, daß bestimmte, rein seelische Ereignisse wie etwa ein Schreck, eine unerwartete bestürzende oder auch freudige Nachricht, enttäuschte Hoffnungen oder dauernde Versagungen erhebliche körperliche Reaktionen hervorrufen können. Jeder Mensch kann diese Reaktionen wie fahle Blässe im Gesicht, plötzliches Zittern der Hände und

Knie beobachten, wenn er etwa Zeuge eines Beinahe-Unfalls wird, bei dem keinem der Beteiligten auch nur das geringste geschehen ist. Die organische Notfallfunktion, die jähe Bereitstellung von Körperhormonen, wird durch jede unspezifische Forderung ausgelöst, die als Gefahr, Bedrohung, aber auch als unbeherrschbare, unerwartete freudige Erregung ausgelöst wird. Hans Selye hat seine lebenslange Forschung und Klärung dieser Zusammenhänge zwischen mit Gefühlserlebnissen verbundenen subjektiven Wahrnehmungserlebnissen und körperlichen, biochemischen, hormonalen und neuralen Reaktionen gewidmet, die sich in unserem gesamten Nerven- und Gefäßsystem sowie im Körperstoffwechsel abspielen können. Der entscheidende, bisher noch keineswegs voll geklärte Zusammenhang deutet jedoch darauf hin, daß auch durch langfristig unterdrückte, oft völlig unbewußt gewordene, mit Erfolg verdrängte Gefühlsinhalte körperliche Veränderungen stattfinden können, die zunächst nicht als Fehlfunktion oder Krankheit erkennbar werden. Karl Menninger hat schon früh den Begriff des vitalen Gleichgewichts (»vital balance«) eingeführt, um auf solche Vorstadien hinzuweisen, aus denen sich bei andauernder Belastung Fehlfunktionen und Krankheiten entwickeln können, die jedoch erst dann erkannt werden, wenn ein Stadium eingetreten ist, in dem der Organismus solche Dauerbelastung nicht mehr aushält. Alexander Mitscherlich vermutete ein »Zweit-Stadium der Verdrängung«, bei dem es zum Einbruch des Verdrängten in den körperlichen Bereich kommt, gleichsam zu einer Zerreißprobe für den organischen Untergrund.

Um diesen Zusammenhang voll zu verstehen, bedarf es zunächst der Klärung eines Begriffes, der vielfach heute nicht nur mißverstanden, sondern auch in modischem Scheinverständnis mißbraucht wird. Als Hans Selye diesen Begriff »Streß« wählte (abgeleitet aus dem englischen »distress« = Sorge, Kummer, übertragen Erschöpfung, im Technischen auch gebraucht für Materialermüdung), beschrieb er eine allgemeine Anpassungserscheinung des Körpers an jede unspezifische Forderung (general adaptation syndrome), die sowohl bei körperlicher wie seelischer Belastung als Reaktion eintreten kann. Entsprechend dem Objektivierungsbedürfnis der Naturwissenschaft bedurfte es des Nachweises körperlicher Veränderungen durch bestimmte seelische Reize. Der zunächst am stärksten einleuchtende Versuch war Cannons Experiment mit Katzen, die, in einem Glaskäfig geschützt, von außen durch bellende Hunde bedroht wurden. Obwohl den Katzen nichts geschah, stellte sich heraus, daß durch dieses Angsterlebnis in ihrem Blut chemische und hormonale Stoffe nachweisbar waren, die zuvor im Ruhezustand nicht existierten, die jedoch den Blutdruck, Pulsschlag und die Gefäßreaktionen sowie andere Körperfunktionen nachhaltig beeinflußten. Inzwischen sind die gleichen chemischen Stoffe, die Ausdruck einer primitiven Notfallbereitschaft sind, auch im Stoffwechsel des Menschen nachgewiesen worden, sobald bestimmte Gefühlserlebnisse wie Angst auftreten, die durch reale Bedrohung von außen, aber eben auch durch rein seelisch vorgestellte Gefahr ausgelöst werden können, selbst dann, wenn in Wirklichkeit keineswegs eine Situation besteht, die ein solches Gefühl rechtfertigen würde.

Es ist hier nicht der Ort, die Fülle der möglichen Stoffwechselveränderungen und biochemischen Funktionen aufzuzählen, die auf solche Weise durch rein subjektive Gefühlserlebnisse des einzelnen, ohne jede körperliche Einwirkung von außen, beeinflußt werden können. Es liegen genügend beobachtete Nachweise etwa für Veränderungen der Magenfunktion, des Gefäßquerschnittes, der Schlagadern, des Blutdrucks, der Herzschlagfolge und anderer seltenerer Erscheinungen vor, die zur weiteren Erforschung solcher Zusammenhänge zwingen. Offenbar spielen sich dabei zwischen Hirn und Herz, genauer gesagt zwischen Gefühlserlebnissen und der Fähigkeit, sie erlebbar und bewußt zu machen oder sie in der Verdrängung des Unbewußten zu belassen, mehr und für das Leben des einzelnen entscheidende innere Vorgänge ab, durch die das biopsychologische Gleichgewicht ernsthaft gestört werden kann.

Bis hierher sind wir im wesentlichen seit langem bekannten Zusammenhängen gefolgt, die merkwürdigerweise noch nicht überall in der klassischen Medizin volle Berücksichtigung gefunden haben. Das hat eine Reihe von verständlichen Gründen. Auch der gewissenhafteste Arzt wird bei sorgfältiger Untersuchung des Organismus, einschließlich aller nur denkbaren Laboratoriums-Untersuchungen, in einem solchen Stadium keine objektivierbaren Befunde erheben können, die auf eine nach naturwissenschaftlich-medizinischen Erkenntnissen definierbare Krankheit hinweisen würden. Da sich kein in diesem klassischen Sinne krankhafter Befund ermitteln läßt, ergibt sich auch kein ausreichender Grund für eine auf die Heilung einer feststellbaren Krankheit zielgerichtete Behandlung. Die sogenannten »subjektiven« Beschwerden des Ratsuchenden aber liegen oft außerhalb des Bereiches, für den sich der Arzt seiner Ausbildung nach als zuständig empfindet. Umgekehrt bleibt es oft für den betroffenen, hilfesuchenden Patienten ein Rätsel, warum sich trotz so gründlicher, oft tagelang dauernder, mitunter sogar stationär in einer Klinik durchgeführter Untersuchung keinerlei Anzeichen für eine Krankheit finden lassen, die seine Beschwerden ausreichend erklären würden. Um so rätselhafter und tragischer wird es jedoch für die Umgebung, wenn der gleiche Patient wenige Wochen später im Alter von vierzig Jahren plötzlich und unerwartet an einer Herzattacke stirbt oder ohnmächtig wird, obgleich das Elektrokardiogramm (EKG = Kontrolle der Herzmuskelfunktion durch Ableitung und Analyse der von normalen Funktionen unterscheidbaren Muskelstromkurven) völlig »normal« war.

Erst im Lauf der letzten Jahre wurden von einigen Herzchirurgen plötzliche Krampferscheinungen der Herzkranzgefäße bei völlig normalen und durchgängigen Blutgefäßen beobachtet – ein Phänomen, das schon früher auftauchte, wenn bei einer Leichenöffnung nach einem unerklärbaren Herztod sich keinerlei Anzeichen für einen Verschluß oder ein Hindernis in den das Herz mit dem notwendigen Sauerstoff versorgenden Herzkranzgefäßen fanden, die den Herzstillstand hätten erklären können. Nun gibt es seit Jahrhunderten in der volkstümlichen Sprache vieler Länder die Redensart: »Vor Schreck stockte mein Herz«, oder: »Mein Herz klopfte bis zum Hals.« Gemeint ist hier die Wahrnehmung des Pulsschlages in der Halsschlagader durch den im Schreck oder in der Angst sich plötzlich erhöhenden Blutdruck. Wir wissen, daß die meisten Menschen in Augenblicken der wirklichen und vermeintlichen Gefahr genauso reagieren wie jene Katzen in Cannons zuvor beschriebenem Versuch. Woran wir im allgemeinen jedoch nicht denken, ist die Möglichkeit, daß ein Mensch in einer bestimmten Lebensstruktur sei langer Zeit eine Fülle innerer

Gefühle unterdrückt hat, um sich so anzupassen, daß niemand etwas von diesem in seinem Inneren sich abspielenden Drama merkt. Im Gegenteil, seine Umgebung erlebt ihn als ruhigen, scheinbar freundlich ausgeglichenen, wenn auch gelegentlich etwas wortkargen Menschen, der in nahezu allen Situationen sachlich und ohne große Aufregung oder jähe Gefühlsausbrüche reagiert. Nur gelegentlich wird sichtbar, daß ein energischer Erfolgswille ihn zu Leistungen antreibt, die seine erreichte Führungsrolle berechtigt erscheinen lassen sollen. In den seltensten Fällen erfahren wir, was wirklich die Herzattacke ausgelöst hat, denn selbst wenn einige Menschen diese plötzliche Todesgefahr überleben, ist der tatsächlich zugrundeliegende innere Konflikt so tief verschüttet, daß es kaum gelingt, ihn wieder an die Oberfläche zu bringen, obwohl gerade dies lebensrettend sein könnte. Subjektiv »weiß« der früh an einem Herzanfall Erkrankende tatsächlich nicht, was ihn in seiner Lebenssituation so antreibt, daß er den ihm unbewußt gewordenen inneren Konflikt eher verdrängen muß als sich der Mühe zu unterziehen, ihn auszugraben und möglicherweise zu lösen.

Rosenman und Friedman haben für die Wahrscheinlichkeit ernsthafter Herzerkrankungen eine vorläufige Unterscheidung zwischen einem Persönlichkeitstypus A und einem entgegengesetzten Persönlichkeitstypus B getroffen, wobei sie bestimmte Verhaltensmerkmale für den Typ A beschrieben, der statistisch in größerer Gefahr lebt, einer unerwarteten Herzattacke zu erliegen, als sein Gegenpol, der Typ B. Nun haben fast alle Formen von Typologien den erheblichen Nachteil, daß sie eine Reihe von Merkmalen definieren, die keineswegs immer und in gleicher Weise auf den vermeintlichen Typus passen. Es kommt dann zu der Verlegenheit, daß Mischformen zwischen beiden Typen bestehen, wobei die Anwendbarkeit der jeweiligen Typologie gerade dadurch zweifelhaft wird. Dennoch haben breit angelegte Untersuchungen ergeben, daß bestimmte innere Einstellungen, so etwa Ungeduld, ständige Rastlosigkeit, dauernde Zeitkontrolle, Gehetztheit ohne wirkliche Notwendigkeit, immer wieder neue Übernahme von mehrfachen Aufgaben und Projekten gleichzeitig, Beenden eines Satzes oder eines Gedankens anderer, bevor diese selbst zu Ende reden konnten, Aufstellen von immer neuen Listen, hastiges Essen, ohne später noch zu wissen, was jeweils gegessen wurde, und eine Reihe von anderen Verhaltensweisen hauptsächlich bei den Menschen auftreten, die in ihren Vorstellungen zielstrebig, willensstark und gelegentlich auch rücksichtslos Erfolg anstreben. Ein kritischer Moment entwickelt sich jedoch dann, wenn trotz aller die tatsächlich vorhandene Energie überfordernden Bemühungen der erwartete Erfolg nicht eintritt. Die damit verbundenen Gefühle der Enttäuschung und nicht selten unterdrückter Wut verbinden sich mit der Notwendigkeit, die Vorstellungen der eigenen Wirklichkeit dahingehend überprüfen zu müssen, ob dieses eigene Selbstbild des Erfolgreichen wirklich stimmt oder, gemessen an der realen, unerwarteten Bevorzugung eines anderen, vielleicht doch korrekturbedürftig wäre. Aufschlußreich ist in diesem Zusammenhang auch die Tatsache, daß es oft erstgeborene Kinder sind, die sich in dieser Richtung entwickeln, weil die früh entstandene Vorstellung, die großen Erwartungen der durchaus noch unerfahrenen Eltern immer wieder von neuem erfüllen zu müssen, einen inneren Druck darstellt, den nachfolgende Geschwister nicht in der gleichen Weise erleben, weil sich die Forderungen und Erwartungen der Eltern durch die Erfahrungen mit dem erstgeborenen Kind bereits verringert haben. Mittlere Kinder haben hinsichtlich Erfolgsstreben und Konkurrenzverhalten ein anderes Problem, je nach der Zusammensetzung der Geschwisterreihe, dem Altersabstand und der Einstellung der beiden Eltern zu ihren früheren Erfahrungen in der eigenen Geschwisterreihe. Die Zusammenhänge zwischen bestimmten, vom Platz in der Geschwisterreihe herrührenden Gefühlen und daraus möglicherweise entstehenden Einstellungen können in anderen Konfliktlagen größere Bedeutung bekommen.

Wenn also in der volkstümlichen Vorstellung das menschliche Herz im allgemeinen als ein Ort der Gefühle verstanden wird, so ist das nur insofern richtig, als dieses organische Herz zusammen mit dem gesamten Keislaufsystem durch Veränderungen des Blutdruckes und des Pulsschlages auf innere Vorstellungen reagieren kann, die, soweit wir überhaupt eine Lokalisierung vornehmen können, in unserem Kopf, und zwar im Verbund einer Menge von bisher nicht genau bestimmbaren Gehirnzellen, stattfinden. Aller Wahrscheinlichkeit nach sind

Denkprozesse ebenso wie Gefühlsregungen von blitzschnellen Veränderungen der komplizierten biochemischen Verbindungen abhängig, die jeweils einzelne Zellen auf bestimmte Weise aneinanderschalten.

Es gibt nun seit sehr langer Zeit die wissenschaftliche Theorie, daß sich in unserem Gedächtnis jeweils Engramme (Erinnerungsspuren) bilden. Die mit diesem Begriff verbundenen Vorstellungen gehen dahin, daß sinnliche Erlebnisinhalte – also was wir jeweils gesehen, gehört, getastet, geschmeckt, gerochen oder womit wir in Berührung gekommen sind – sich zu einem Gesamtbild der Erinnerung in diesen Hirnzellen speichern und eine jeweils subjektive, ursprüngliche Erlebnisgestalt darstellen, die durch neue, ähnliche oder auf neue Weise zuzuordnende Wahrnehmungen, Eindrücke und Erlebnisse erweitert, angereichert oder verändert werden kann. Es handelt sich dabei um einen außerordentlich komplexen biochemischen Vorgang, jedoch reicht die naturwissenschaftliche Erklärung der jeweiligen möglichen Veränderungen der Eiweißzusammensetzung oder der Blockierung und Erhöhung der Leit- und Übertragungsfähigkeit an den einzelnen Schaltstellen der Millionen von speziellen Hirnzellen (Synapsen, Neurotransmitter) bisher nicht aus, um zu verstehen, warum der einzelne Mensch sich selbst und seine Umgebung nicht nur auf eine bestimmte, einmalige und unverwechselbare Weise erlebt, sondern auch, warum sich seine Selbst- und Fremdwahrnehmung genauso wie seine Erinnerungsfähigkeit so weit verändern können, daß bestimmte Inhalte vom Bewußtsein ausgeschlossen (verdrängt) werden. Die einzige Erklärung wäre, daß ganze, in den Engrammen verankerte Inhalte unzugänglich und völlig blockiert werden, um Erregung oder Unlust zu verhindern. Auch hier bedient sich die Alltagssprache der Vorstellung, daß jemand »abgeschaltet« habe – ein aus der Technik entlehntes Bild, das auf ähnliche Weise in der spöttischen Kritik deutlich wird, daß jemand »eine lange Leitung« habe, also nur schwer begreife. Umgekehrt wird heute eine gewisse emotional-starre oder einförmige Art des Denkens als »fest verschaltet« bezeichnet. Auch die im Englischen häufig von jüngeren Menschen gebrauchte Redewendung »I can't get it together« (ich kriege es nicht zusammen) weist darauf hin, daß dabei eine Art Aufspaltung in unverbundene Teilinhalte

(Fragmentierung) erlebt wird, so als bestünden eine Reihe von Teilvorstellungen, Bruchstücke von Gedanken und Gefühlen, die sich nicht mehr zu einem sinnvollen Ganzen zusammenfügen lassen. Auch der Begriff der »Abspaltung« deutet darauf hin, daß es möglich ist, bedeutsame Inhalte so voneinander zu trennen, daß dadurch Handlungen möglich werden, die ohne solche Spaltung verhindert würden. Als eindrucksvollstes Beispiel mag jener hohe SS-Offizier gelten, der mit großer Gefühlsbeteiligung andächtig einem von jüdischen KZ-Häftlingen ausgeführten Kammermusik-Konzert lauscht, gleichzeitig jedoch, ans Telefon gerufen, ohne Zögern den Befehl zur Vernichtung von einigen Tausend Juden erteilt, um dann ungerührt zu der Musik zurückzukehren. Hier wird wie in ähnlichen Fällen der Spaltung von Gefühlsregungen als zugrundeliegende Motivation eine bestimmte Ideologie erkennbar, von der übergreifend dann Denken, Fühlen und Handeln auf eine Weise bestimmt werden, die andere mögliche menschliche Regungen oder Bedenken ausschließt. Obwohl mitunter ein solches Verhalten fälschlicherweise als »schizophren« (wörtlich: Hirnspaltung) bezeichnet wird, trifft dies nicht zu, denn der wirklich an Schizophrenie Erkrankte ersetzt die für die Allgemeinheit jeweils gültigen Vorstellungen über die vorgegebene Wirklichkeit durch seine privaten Wahnvorstellungen einer Welt, die in größerem oder geringerem Umfang nicht mehr mit der Wirklichkeit der anderen übereinstimmt. Freilich könnte man in diesem Zusammenhang auch die Frage stellen, wieweit kollektive Ideologien Teile der zuvor gültigen Übereinstimmung über die Wirklichkeit verändern und in Gefahr sind, zuvor als allgemein anerkannte Realität existierende Einsichten durch wahnhaft veränderte, utopische Vorstellungen zu ersetzen. Die Ursache hierfür liegt aber dann stets doch im Gefühlsbereich. Ein bestimmter Anteil der Wirklichkeit wird vor allem deshalb ausgeschlossen und auf eine die Realität fälschende Weise verändert, weil die bestehende Realität vor allem deshalb als unerträglich erlebt wird, weil sie bestimmte Strebungen, meist triebhafter Natur, unerfüllt läßt. Wichtige Vorläufer solcher Veränderungen der Wirklichkeit sind die Erinnerungsspuren von kindlichen Phantasien; dabei wird meist kaum noch bewußt, in welchem Umfang die ursprünglichen Phantasien das Ergebnis von Kindheitserlebnissen sind, in denen Ohnmacht, Versagung oder Unterdrükkung dazu führten, daß ausgleichende Allmachtsvorstellungen entstanden, in denen die erlebten realen Hindernisse der angestrebten Erfüllung auf magisch-aggressive Weise durch Wunschdenken beseitigt wurden.

Die Psychoanalyse hat in den letzten hundert Jahren unendlich viele Beispiele dafür geliefert, wie zunächst unverständliche Verkennungen der Wirklichkeit, die in Krankheit übergehen können, darauf beruhen, daß bestimmte Erlebnisinhalte ins Unbewußte verdrängt wurden, aber gerade dadurch zur eigentlichen Motivation eines irrationalen Handelns, Denkens und Fühlens werden können. Weil der verdrängte Inhalt unbewußt bleibt, erlebt der Betroffene einen bestimmten Anteil seines jeweiligen Handelns, Denkens und Fühlens als unerklärbar, weil es gleichzeitig im Gegensatz zu seinen die Wirklichkeit durchaus noch erkennenden gesunden Persönlichkeitsanteilen steht.

Im Begriff des »Irrationalen« wird aber zugleich auch eine Unterscheidung deutlich, die willkürlich erscheint, sobald wir die Gefühlsbereiche mit einbeziehen. Sich »rational« zu verhalten wird allgemein gleichgesetzt mit vernünftig sein. Erst die neuere Forschung hat uns darüber belehrt, daß die beiden Hälften unseres Gehirns auf ganz verschiedene Weise funktionieren. So scheint rational-logisches Denken, insbesondere eine Reihe kognitiv-intellektueller Fähigkeiten der linken Hirnhälfte zugeordnet, während jene scheinbar unwägbaren, oft als irrational oder gefühlsbetont nicht recht erklärbaren menschlichen Möglichkeiten, wie etwa Intuition, Mitgefühl, Einfühlungsvermögen und Sensibilität, eher der rechten Hirnhälfte zuzuordnen wären. Ohne hier auf die Hirnanatomie und -physiologie näher einzugehen, bliebe jedoch zu betonen, daß die beiden sehr viel später entwickelten Großhirnhälften in ständiger Verbindung mit dem entwicklungsgeschichtlich älteren Zwischenhirn sowie mit dem ältesten Teil des menschlichen Hirns, dem Stammhirn, verbunden sind, die für die Regelung lebenswichtiger, selbständiger Funktionen bedeutsam sind. Das erklärt, warum eine heftige Gemütserregung nicht dort bleibt, wo sie entstehen mag, nämlich im Bereich eines Hirnzellenverbandes, der, einmal »angeschaltet«, nicht nur eine Fülle von mit dem jeweiligen Erlebnis verbundenen

Erinnerungsresten einbezieht, sondern dieses Erregungsbild auch jenen Funktionsbereichen zuleitet, die Atmung, Kreislauf, Pulsgeschwindigkeit, Blutdruck und auch Verdauungsfunktionen ebenso wie Muskelfunktionen und den gesamten Stoffwechsel beeinflussen. So medizinisch dieser Zusammenhang zunächst erscheint, verdeutlicht er doch, daß wir irren, wenn wir etwa davon sprechen, daß wir einen Körper »haben«, so als könnten wir seelische und körperliche Funktionen tatsächlich voneinander trennen. Auch der Versuch, dem seelisch-körperlichen Geschehen einen Geist entgegenzustellen, dem beide Bereiche so untergeordnet seien, daß eine Art distanzierter Aufsichtsfunktion von diesem Geist ausgeübt werden könne, schlägt allein deshalb fehl, weil wir ja stets Körper und Seele gleichzeitig sind. Es geht aber weniger um diese Begriffe als vielmehr um die Art des Erlebens. Die Gegenüberstellung oder Isolation beider Bereiche als getrennte Funktionen, die sich dann im »Haben« oder »Sein« ausdrückt, ist ein Grundirrtum, der uns dazu verleitet, auftretende Körpererscheinungen so zu sehen, als hätten sie nichts mit uns selbst zu tun, gleichsam als ließe sich dieses Selbst herausnehmen und dem Körpergeschehen so gegenüberstellen, daß dieses als von außen kommend und damit dem Ich-Selbst als fremd erscheint. Auch der Versuch der begrifflichen Haarspalterei, ob ein Geschehen ursprünglich mehr somatopsychisch oder psychosomatisch (körperlich-seelisch oder seelisch-körperlich) bedingt ist, erweist sich insofern als ein Scheinproblem, als selbst bei einem von außen herbeigeführten Unfall mit körperlichen Folgen nicht nur unsere Schmerzempfindungen beteiligt sind, sondern je nach Schwere der Verletzungsfolgen durch die jähe Unterbrechung der Alltagsgewohnheiten auch Veränderungen unserer Gefühle uns selbst und anderen gegenüber eintreten können.

Wir müssen daraus den Schluß ziehen, daß Leben stets bedeutet, ein körperlich-seelisches Gleichgewicht innerhalb eines in sich selbst funktionierenden Systems zu erhalten, das uns ein Weiterleben auf eine Weise ermöglicht, die einerseits unser Denken, Fühlen und Handeln nicht allzu jäh verändert, gleichzeitig aber doch um der Weiterentwicklung willen als System einem ständigen Wandel unterliegt. Fällt dieser Wandel weg und tritt ein scheinbares Gleichgewicht ein, so können daraus Starre und Tod resultieren. Leben ist dagegen ständiges Ungleichgewicht durch Wechselwirkungen, die Instabilitätsphasen und Turbulenz auslösen, aus denen dann neue Strukturen entstehen können. Stetigkeit läßt sich nur dann erreichen, wenn das Grundgesetz des Lebens, nämlich die sich immer wieder von neuem wiederholende Forderung der Wandlung und Entwicklung, eingehalten wird.

Es liegt in der Absicht aller folgenden Kapitel, beim Leser Einsicht zu wecken in dieses Grundgesetz des Lebens und ihm an Beispielen aus dem Alltag die Notwendigkeit der ständigen Wandlungsbereitschaft vor Augen zu führen. Nur so wird der Umgang mit sich selbst nicht zur blinden Ich-Verliebtheit, sondern kann zur Entwicklung einer offeneren und zuversichtlicheren Lebenseinstellung führen. Die Balance zwischen Hirn und Herz will immer wieder neu eingeübt werden. Wenn das vorliegende Buch, dessen einzelne Teile fast alle aus öffentlichen Vorträgen der letzten zwei Jahrzehnte hervorgegangen sind, die aber sämtlich für diese Publikation einer kritischen Durchsicht oder Überarbeitung unterzogen wurden, zur Verminderung von Angst, zur Zurückführung von Übermut auf wirklichen Mut und zur Stärkung von Hoffnung beitragen sollte, dann hat es seinen Zweck erfüllt.

Angst aushalten

Angst erleben wir fast jeden Tag unseres Lebens. Sie wird leibhaftig, wenn wir nur nach links oder rechts schauen: Wer ist mein Nächster? Wird er mich annehmen oder ablehnen? Werde ich ihn mögen, oder wird sich die Mauer meiner Vorurteile zwischen uns schieben? Die Angst hat viele Gesichter und Masken. Sie erhält ständig Nahrung durch die Unbegrenztheit der Möglichkeiten. Wer hat nicht schon in einem dicht besetzten Saal die Angst gehabt, daß ihm die Decke auf den Kopf fallen könnte, daß Feuer oder Panik ausbrechen könnte oder ein fanatischer Narr heimlich eine Bombe mit Zeitzünder aufgestellt hat? Schon sind wir mitten in den Möglichkeiten, die manchen angesichts der überwältigenden Fülle eher dazu veranlaßt, sich vorsichtshalber einen Platz am Rande zu sichern, um seine Haut zu retten - im Falle einer Gefahr, die seine Phantasie ihm vorspiegelt. Kommt solche Angst von außen oder von innen? Machen wir sie selbst, weil uns das geordnete Leben sonst zu langweilig wäre - ohne ein bißchen Aufregung durch den heimlichen Kitzel der Angstmöglichkeiten?

In der Fülle dieser Möglichkeiten hilft uns die sprachliche Unterscheidung zwischen der Furcht vor etwas Bestimmtem und der Angst vor dem Unbestimmten wenig. Denn alle Ängste wurzeln letztendlich in dem Wissen, daß wir unser Sein verfehlen können, zu dem wir aufgerufen wurden. Es ist jene Stimme, die unüberhörbar durchdringend erschallt: »Adam, wo bist du?« Es ist die unaufhörliche Frage, die wir uns täglich selbst beantworten müssen: Wo hältst du auf deinem Weg? Wieweit bist du mit deinem Leben gekommen? Wo verbirgst du dich? Was hast du aus deinem Leben gemacht? Und es ist jene Angst, daß wir in jedem Augenblick abgerufen werden könnten, ohne Rechenschaft über diese Fragen ablegen zu können, die uns bewußt werden läßt, wie sehr wir alle einer Liebe bedürfen, die wir niemals in diesem Ausmaß unserem Nächsten geben könnten.

Wir versuchen, diese Angst zu verkleinern und in unkenntliche Bruchstücke zu zerlegen. So verschieben wir die Angst vor der Selbstwahrnehmung, wie wir wirklich sind, auf den Nachbarn: Was wird er von uns denken, wie wird er uns beurteilen? Wird unser selbstgemachtes Bild Bestand haben, oder wird er unsere Schwächen und Fehler entdecken, die wir ängstlich zu verbergen suchen? Die Reihe solcher selbstgemachter Ängste als Überreste kindlicher Phantasien und Selbstzweifel ist unendlich: Dunkelangst, Budenangst, Platzangst, Höhenangst, Flugangst, Angst vor Hunden, vor überfüllten Räumen. Die Möglichkeiten sind unbegrenzt, aber alle laufen in einem geheimen Punkt zusammen: Die Bedeutung der eigenen Person gerät in den Mittelpunkt allen Geschehens, das nur noch die Bühne für ein künstliches inneres Drama darstellt. Es ist eine Entstellung und Vermeidung der Wirklichkeit wie im Leben jenes Mannes, der glaubte, eine Maus zu sein, und Angst hatte, von der Katze gefangen zu werden. Selbst als er schließlich davon überzeugt wurde, daß er keine Maus sei, hielt er am ernsthaften Zweifel fest, ob dies die Katzen denn wohl auch wüßten. Jene selbstgemachten Ängste zur Vermeidung der Wirklichkeit befallen den modernen Zeitgenossen um so eher, je mehr ihm das Glaubensbekenntnis der technischen Zivilisationsgesellschaft in sich widersprüchliche Überzeugungen vermittelt. Auf der einen Seite werden wir in den modernen Massengesellschaften alle zu anonymen Unpersonen, deren Nummerndasein jederzeit beliebig als Produktionsmittel und Funktionsteil einer großen Maschinerie auswechselbar ist. Gleichzeitig vermittelt jedoch dieselbe Gesellschaft den Eindruck, als gäbe es nichts Wichtigeres in der Welt als eben diesen einzelnen, wenn er durch ausgeklügelte Werbung zum Ankauf der profitreichsten, aber zum Leben häufig völlig unnützen Produkte überredet und als Kunde zum König gemacht werden soll. Dieser krasse Gegensatz von ständiger Steigerung der Eigenliebe und Überschätzung der eigenen Person und der gleichzeitigen Geringschätzung und Auswechselbarkeit entstellt das Bild des Menschen in einer Weise, die unsere Angst verstärkt. Wir müssen rennen und uns gegenseitig hetzen, um die eigene Bedeutung zu erhöhen und uns Geltung oder einen Platz an der Sonne zu verschaffen, weil wir dauernd von der Angst gejagt werden, sonst in ein Nichts und eine Bedeutungslosigkeit zurückzusinken, die es uns dann nicht mehr erlauben würde, die unendlich gewachsenen und aufgeblähten Ansprüche zu erfüllen, die wir an das Leben stellen. Dabei wird der Anspruch und die Bereitschaft, uns selbst zu entwickeln, nach Sinn und Ziel unseres Daseins zu fragen und uns Rechenschaft über unser tägliches Tun abzulegen, immer geringer.

Welche Hilfen bietet uns die Gesellschaft, in der wir leben? Wir selbst sind diese Gesellschaft, und wir bestimmen durch unser Verhalten, was in ihr geschieht oder unterbleibt. Wir selbst tragen dazu bei, Ängste zu mildern oder zu fördern, indem wir sie aussprechen oder, wenn es notwendig ist, herausschreien oder verschweigen, unterdrücken und verleugnen. Der kühne Satz: »Ich habe keine Angst« klingt sehr mutig und heldenhaft. Es fragt sich jedoch, worauf sich solche scheinbare Angstfreiheit gründet. Es gehört offenbar mehr Mut dazu, sich zu seiner Angst zu bekennen, ihr zu begegnen, sie auszuhalten und, soweit dies möglich ist, zu überwinden, als in Scheinfreiheit Angst zu verleugnen, die für jedermann hinter der Fassade sichtbar wird.

Die Wirklichkeit der letzten Jahrzehnte hat uns darüber belehrt, wieviel wirklichen Grund zur Angst wir haben. Wir fühlen uns wirtschaftlichen, politischen und weltumspannenden Machtverschiebungen ausgeliefert, denen der einzelne scheinbar ohnmächtig gegenübersteht. Jeder von uns kann unschuldiges Opfer eines Terroranschlages werden, genauso wie ihn die Lawinen der Arbeitslosigkeit und Wirtschaftskrisen aus der gewohnten und mühsam erarbeiteten Lebensbahn werfen können. Eine Möglichkeit, die wir vergessen hatten, ist zur Wirklichkeit zurückgekehrt. Aber ist es nicht vielmehr die Angst, sich einschränken zu müssen, die Angst vor notwendigem Verzicht und Verlust, der Unlust bereiten würde, die wir nicht mehr ertragen möchten? Es fällt uns offenbar schwer, angesichts von Millionen Menschen in der Welt, die dem Hunger und nacktem Elend ausgesetzt sind, auf all die Vorteile zu verzichten, die wir zur Gewohnheit unseres Lebens werden ließen, ohne viel über das Schicksal anderer nachzudenken, die irgendwo in der Welt leiden mögen. Wir haben Angst, leiden zu müssen, weil unser unstillbares Verlangen nach fortdauernder Lust maßlos wurde – erkennbar in der Verwechslung von kommerzialisierter Sexualität mit Liebe, von Redlichkeit mit Überanspruch, Betrug und Gier, erkennbar in vielen anderen Warnzeichen, die seit langem unser gemeinsames Leben zerstören und zu Besinnungslosigkeit und Rausch verleiten. Verfall in die Sucht kündet die verleugnete Angst der in Verlassenheit Verlorenen, die dem Nachbarn nicht mehr wert genug erscheinen, sich um ihr Leben zu bemühen. In unserer Angst, selbst vom Unglück befallen zu werden, fliehen wir vor all jenen, die unserer Hilfe und Zuwendung bedürfen, so als sei Unglück eine ansteckende Seuche. Vielleicht finden wir als Rechtschaffene gar Befriedigung darin, daß es der andere ist, der sich dem Trunk ergibt, sich mit Rauschmitteln zu Tode spritzt, in der Gosse endet oder seinem Leben schließlich verzweifelt und ausweglos ein Ende setzt. Oder haben wir Angst vor der gleichen Möglichkeit des inneren Chaos in uns selbst, das ausbrechen könnte, wenn wir die scheinbaren Sicherheiten und Errungenschaften der eigenen Existenz wirklich hinterfragen würden?

Wir haben Angst davor, uns zu unseren wirklichen Ängsten zu bekennen, weil wir kaum noch Vertrauen zum anderen, zum Nächsten haben, daß er uns in menschlicher Weise begegnen und uns anhören würde, weil wir selbst innerlich erdrückt werden von den unendlichen Lasten des Unausgesprochenen, Verhüllten, von der Angst, des anderen nicht wert zu sein.

Jene Verlorenheit, Vereinsamung und Angst hinter den Fassaden des täglichen Geschwätzes oder kalter intellektueller Abstraktion, ist sie Ausdruck unseres Umgangs miteinander geworden, Symbol der Entfremdung und Schutzdistanz, hinter denen wir glauben uns verbergen zu müssen, dennoch voller Sehnsucht nach Nähe, Verstehen und Wärme? Haben wir nicht mehr den Mut, uns einzugestehen, daß hinter der Frage, der Sorge oder der Angst des Nächsten, der sich uns mitteilen möchte und unsere Hilfe sucht, gegen die er sich zugleich ängstlich sträubt, um nicht überwältigt zu werden, in Wahrheit der gleiche Ruf an uns ergeht: »Adam, wo bist du?« Was ist aus deiner Fähigkeit zur Erkenntnis geworden? Warum fürchtest du dich, deine Angst zu überwinden und sie mit deinem Nächsten zu teilen? Warum bist du kleingläubig geworden?

Es ist so unendlich modern, mit der Ungläubigkeit zu kokettieren und in Allmachtsphantasien zu schwelgen, die über die Geschöpflichkeit des Menschen hinwegtäuschen sollen. Aber an der Tatsache, daß der Tod die einzige Gewißheit des Lebens ist, auf die all unsere Lebensentscheidungen und Ängste zurückgehen, hat sich in Tausenden von Jahren nichts verändert. Es ist die Angst vor dem kleinen, täglichen Sterben unterwegs, vor den Verzichten und Verlusten, die uns so oft zur Flucht treibt, besinnungslos Geld, Besitz, Ruhm, Rache, Eitelkeiten und Bedeutungen nachjagend, die unsere Angst verdecken sollen. Dabei überantworten wir uns jede Nacht dem kleinen Bruder des Todes, dem Schlaf, der unser Bewußtsein auslöscht bis zum nächsten Morgen, dem wir vertrauensvoll entgegensehen, wie an diesem und am nächsten Tage.

Wir haben also die Fähigkeit, Angst auszuhalten, denn sonst könnte niemand mehr einschlafen, wenn ihn die Angst überwältigen würde, nicht mehr aufzuwachen. Aber offenbar gibt es Ängste und Spannungen, die wir zu vermeiden trachten in der Vorstellung, daß eine Welt frei von Angst möglich wäre. Jene Angst der Geschöpflichkeit werden wir weder verleugnen noch völlig aufheben können. Um besser miteinander leben zu können, gilt es jedoch, all jene Ängste zu erkennen, die wir uns gegenseitig aus ganz anderen Gründen bereiten. Das beginnt mit der Anmaßung der Macht, die das Kind durch dunkle Drohungen und Schuldgefühle einzuschüchtern und gefügig zu machen sucht. Solange wir die Angst vor dem Beherrschtwerden nicht ebenso klar aussprechen wie umgekehrt die Angst der jeweils Herrschenden vor dem Verlust oder Verzicht auf die vermeintliche Macht, geraten wir alle unter den viel größere Angst verursachenden Zwang eines immer unmenschlicher werdenden Maschinenmythos, in dem der Mensch zum Funktionsteil erniedrigt und seiner Menschlichkeit beraubt wird. Wir sind weit auf diesem Irrweg fortgeschritten, und die Umkehr ist schwer und nicht angstfrei.

Wir befinden uns in einem Übergang des allmählichen Begreifens, wieviel Angst wir einander täglich unnötig allein dadurch bereiten, daß wir einander einzuschüchtern und abhängig zu machen versuchen. Und wir sind abhängig in Krankheit, Alter, Kindheit, Arbeitslosigkeit, Inflation, Besitzentzug oder Verarmung, abhängig von der Gnade, Zuwendung und Hilfe des Nächsten. Wir haben eine scheinbar allmächtige, bürokratische Maschinerie der Hilfeleistung für die Milderung all dieser Ängste geschaffen, aber das berechtigt uns nicht, den anderen seiner persönlichen Angst zu überlassen; denn keine dieser Institutionen kann helfen, diese Angst des einzelnen zu überwinden. Im Gegenteil, oft verstärken allzu bürokratische Sturheit und Paragraphenreiterei auf durchaus unnötige, vermeidbare Weise die persönlichen Ängste und Abhängigkeiten. Aber fragen wir uns einmal, ob wir uns nicht scheu am Nachbarn vorbeidrücken, um dessen Angst wir wissen, oder ob wir bereit sind, seine Angst zu teilen und ihm zu helfen, Hoffnung und Vertrauen zu finden. Würden wir selbst den Mut finden, den Nachbarn beim Arm zu nehmen und unsere Schwäche, unsere Angst zu offenbaren, oder hätten wir wieder neue Angst, als schwach angesehen und abgewiesen zu werden?

Es ist der unmenschliche Zwang zur Vollkommenheit, die größenwahnsinnige Überidealisierung der menschlichen Möglichkeiten, die Rekordsucht der Perfektion, die uns angst macht, weil wir der eigenen Unvollkommenheit alles Menschlichen voll bewußt sind; in teuflischer Weise jedoch ständig selbst im Intimbereich der Liebe dazu verführt werden, eine Vollkommenheit anzustreben, die es nicht gibt – dabei ständig in der Versuchung, Gott zu übertreffen oder zu überlisten durch größere menschliche Vollkommenheit. In diesem Wahn wird schließlich der Mensch, verglichen mit den technischen Erfindungen, zur schlechtesten, unzuverlässigsten und unberechenbaren Fehlkonstruktion, wie mich vor kurzem ein Ordinarius einer technischen Hochschule belehrte. Angesichts solcher Verirrung und Entstellung der Werte sollten wir nicht allzu verwundert über unsere zunehmenden Ängste sein.

Zeigt sich Hoffnung? Wir können das jeden Augenblick bejahen, sobald wir uns umsehen. Denn überall sind die Millionen von Menschen, die Angst mildern, ohne es zu wissen. Die Frau am Zeitungsstand, die für jeden ein Wort findet und so viele Nöte kennt. Die Nachbarin, die trotz Müdigkeit bereit ist, nach langer Arbeit zuzuhören. Der Mann mit Humor, der eine angstvolle Situation mit einem Scherz überbrückt. Jede zufällige Begegnung, in der uns ein wenig Trost und Verständnis entgegenkommt, die unsere Hoffnung und unser Vertrauen aufrichten. Wir haben die Fähigkeit, miteinander Angst zu überwinden, wenn wir nur den Mund aufmachen. Der Markt der unendlichen, hoffnungsvollen Möglichkeiten ist da, auch für den Verzweifelten, Verirrten, wenn wir uns öffnen und jene Liebe durch uns hindurch wirken lassen, die uns täglich am Leben erhält und jede Minute atmen läßt. Wenn wir uns selbst als Sendboten des Schöpfers verstehen, die nur Mittel sind in kleinen, unscheinbaren Augenblicken, so werden wir IHN erkennen in seinen Wirkungen, die durch uns hindurch sichtbar werden als die tragende Kraft allen Lebens – in Glaube, Hoffnung und Liebe. Angst ist nicht in der Liebe.

Schuld annehmen

Der 1952 verstorbene Philosoph George Santayana hat einmal gesagt: »Wer die Vergangenheit verleugnet, gerät in Gefahr, sie zu wiederholen.« Wir haben angesichts der Schreckensherrschaft des Nationalsozialismus nach 1945 ein System erfunden, das zwischen Schuldigen, Mitläufern, Unbeteiligten und Opfern unterschied, und dafür ein Wort wie Vergangenheitsbewältigung gewählt, das sprachlich dem Begriff der Gewalt merkwürdig nahekommt. Aber keine abstrakte historische Untersuchung, keine sachlich soziopsychologische Analyse konnte uns bewegen, die Wirklichkeit einer Vergangenheit innerlich voll anzunehmen, die durch ihre bedrückende Einsicht und beschämende Konfrontierung mit zuvor für unmöglich gehaltenen Vorgängen unannehmbar schien. Manche haben sich in die Diskussion von Zahlenstatistiken geflüchtet, einfach um der Erschütterung durch solche fragwürdige Arithmetik zu entgehen. Erst wenn die Erinnerung wirksam zu deinem und meinem Leben zurückfindet, wenn innere Bilder wieder lebendig werden, die lange vergessen und verdrängt waren, wenn mein Gedächtnis mir sagt: Ja, das habe ich gesehen, aber ich konnte nichts tun, erst dann, im Augenblick der persönlichen, inneren Betroffenheit und vielleicht Beschämung können wir echte Änderung erfahren. Das trifft in der gleichen Weise die Folgegenerationen, obwohl es schwierig sein mag, zu begreifen, daß ihnen zumindest von außen her ein Teil der Taten oder Unterlassungen ihrer Großeltern und Eltern zugerechnet wird, obwohl sie lange jenseits dieser geschichtlichen Ereignisse geboren wurden. In alledem stehen uns im Einzelleben wie im Leben der Völker Stolz und Selbstachtung im Wege, wenn wir neue Einsichten entwickeln müssen, die jene Möglichkeiten betreffen, die wir zuvor für unmöglich gehalten hatten.

Es geht nicht nur darum, Schuld zu bekennen. Wir erfüllen

unsere Lebensverpflichtung, zur Hoffnung berufen zu sein, nur dann, wenn wir jenseits des Eingeständnisses von Schuld bewußte Änderung suchen. Es ist sehr menschlich, unangenehme Erinnerungen, Handlungen und Unterlassungen zu verdrängen und ihre schmerzliche Wirklichkeit zu verleugnen. Niemand unter uns ist vollkommen, und die Hoffnung auf Vergebung lebt aus dem Mut zur Einsicht und dem Willen zur Umkehr und Veränderung. Aber wir können nicht umkehren, ohne zurückzusehen und uns zu fragen, wieweit Veränderung und Erneuerung echt sind, oder wieweit wir durch Verleugnung der Vergangenheit tatsächlich in Gefahr sind, sie unter ganz anderen Vorzeichen doch unbewußt zu wiederholen.

Ich erinnere mich, als sechzehnjähriger Oberschüler in Berlin vor der Friedrich-Wilhelm-Universität auf einem Denkmalsockel sitzend, entsetzt der Verbrennung von Büchern zuzusehen, von denen viele in der Bibliothek meiner Eltern standen, die ich gelesen hatte. Auch erinnere ich mich des Gedankens, den ich irgendwo gelesen hatte: »Wo man Bücher verbrennt, wird man bald auch Menschen verbrennen.« Einer der Autoren, dessen Namen ausgerufen wurde und dessen Bücher man verbrannte, war der Kinderbuchautor und Lyriker Erich Kästner. Welches Schicksal diesen Augenblick bestimmt hat, ahne ich bis heute nicht, aber von meinem Denkmalsockel aus erkannte ich plötzlich in den hinteren Reihen der Menge Erich Kästner, der ruhig und hilflos gefaßt in die Flammen des Scheiterhaufens sah. Wohl um nicht erkannt zu werden, wendete er sich ab und verschwand im Dunkel, ehe ich ihn erreichen konnte. Dieses Erlebnis blieb wie ein Siegel eingebrannt in meine Erinnerung als Auftakt einer Entwicklung, die jenseits der brandenden Heilrufe nationaler Begeisterung langsam das mitmenschliche Vertrauen in den jeweiligen anderen so weit zerstörte, daß weder Gedanken noch Worte frei waren. Das ist für heutige Generationen schwer zu begreifen, aber die jähe Verdrehung der Maßstäbe von Gut und Böse, die Aufspaltung der Familien bis zur politischen Denunziation der Eltern durch die eigenen Kinder, die rassistische Abwertung, Anprangerung und Isolation von Nachbarn, Freunden, Klassenkameraden im Namen eines neuen nationalen Erwachens, die Zerstörung des mitmenschlichen Vertrauens und schließlich die unkontrollierte Gewalt gegen Andersdenkende, Andersgläubige und Ausgestoßene – ist das alles wirklich überwunden? Gibt es keine Wiederholungssignale, oder kehren unterschwellig ähnliche Gesinnungen, Haltungen und Einstellungen wieder, diesmal gegen andere moralisch abgewertete Minderheiten gerichtet? Kaum jemand wird sich damit beruhigen können, daß er weder Täter war noch sein wollte. Vielmehr geht es damals wie heute um die Frage der Unterlassung, des Geschehenlassens aus Angst, Ohnmacht oder Mangel an persönlichem Mut.

Aus meiner eigenen Lebensgeschichte und der vieler überlebender Freunde verkenne ich nicht die vielen Beispiele unerschrockenen Mutes unter dem Risiko des eigenen Lebens, den verfolgten Minderheiten des Dritten Reiches Schutz zu bieten und den Kampf gegen ein menschenverachtendes Regime aufzunehmen. Im Rückblick aber ist der Stolz in uns verletzt, und wir stehen zaghaft vor der Frage der Jüngeren, warum es nicht möglich war, mehr Unmenschlichkeit und systematische Ausrottung zu verhindern, warum nicht mehr Menschen Widerstand leisteten. Daß es möglich war, beweist zum Beispiel der Widerstand der Kirchen gegen die sogenannte Euthanasie, die heimliche Tötung von Geisteskranken, genannt »Gnadentod«. Diese erste Nacht- und Nebelaktion, die ein Vorläufer und Testversuch der sogenannten Endlösung war, wurde erfolgreich durch den Protest und Widerstand der Kirchen in Deutschland beendet.

Die Frage nach dem Warum wird heute von jenen Generationen gestellt, die nicht das geringste mit den NS-Pseudo-Ideologien zu tun hatten, außer daß ihre Eltern in dieser Zeit lebten und lange der späteren geschichtlichen Grundfrage auswichen. Wer kann sie wirklich beantworten? Führt die dazwischenliegende lange Zeitspanne mit all ihren neuen Ereignissen wirklich zu einer Art innerer Verarbeitung, die zukünftigen Generationen helfen kann, auf Besseres zu hoffen? Oder wappnen wir uns gegen jedes Risiko durch Desinteresse am Staat oder Rebellion gegen die Staatsidee zugunsten neuer totalitärer Ideen?

Gewiß, wir haben einen neuen Stolz entwickelt auf unsere Tüchtigkeit, unsere Leistung, unseren Erfolg, unsere ökonomische Stabilität, unsere technischen Fähigkeiten, unseren Fleiß, Ausdauer, Genauigkeit und eine Reihe anderer volkstümlicher

Merkmale, die in der Welt anerkannt, aber ebenso auch sowohl beneidet wie manchmal auch belächelt werden. Wie weit gründet sich dieser Stolz auf ein Zugehörigkeitsgefühl, das die andere Seite dieser Tugenden ausklammert? Wie gehören Licht und Schatten zusammen, Tüchtigkeit und Minderwertigkeitsgefühl, Leistung und Zwang, Erfolg und rücksichtsloser Konkurrenzneid, ökonomische Stabilität und persönliche Raffgier, Fleiß und Unfähigkeit zur Entspannung, Ausdauer und Arbeitssüchtigkeit, Genauigkeit und Engstirnigkeit, nationales Selbstbewußtsein und irrationale Größenideen? »Wo viel Licht ist, ist viel Schatten« - ein weniger bekanntes Zitat aus dem sprichwörtlich deutschen Götz von Berlichingen mahnt uns, diese andere Seite der nationalen Tugenden nicht zu übersehen.

So kritisch wie mancher Zuschauer die Fernsehserie Holocaust mit Hinweisen auf Ungenauigkeiten abzuwehren versucht haben mag, diese das persönliche Schicksal von einzelnen schildernde Serie hat in Millionen Menschen zum ersten Mal ein tiefes Gefühl der echten Trauer, wenn nicht des Entsetzens, des inneren Erschreckens und der ungeweinten Tränen ausgelöst und wohl zum ersten Male auf der persönlichen Gefühlsebene eine Identifizierung mit den menschlichen Opfern ermöglicht, die durch keine historische Abstraktion und Statistik zuvor erreicht werden konnte. Es sind Opfer, die stellvertretend für uns alle gelitten haben und in Gestalt der wenigen Überlebenden noch leiden. Die Aussonderung und abwertende Isolation von Minderheiten, denen menschliche Eigenschaften aberkannt werden, ist oft das erste Signal für jede Gesellschaft, daß Beseitigung, Ausrottung und Terror im nächsten Schritt verwirklicht werden - was auch immer die jeweilige Ideologie an vermeintlichen Gründen, Zielen und Notwendigkeiten in bewußter Täuschung der Massen vorgeben mag. Wir werden schuldig, wenn wir solche Entwicklungen zulassen und uns um des eigenen Wohlergehens willen blind und taub stellen. Schuld kann entstehen, wenn wir glauben, uns mit Nichtwissen vor dem drücken zu können, was wir als für das eigene Schicksal verantwortliche Bürger wissen müßten, aber zu ängstlich sind zu fragen. Die extreme innere Abhängigkeit von Autoritätsidealen, oft schon in der Familie vorgeprägt, kann so zum nationalen Verhängnis werden.

Schuld wäre hier auch von Schuldgefühlen zu unterscheiden. Wir alle leiden von Zeit zu Zeit unter Schuldgefühlen, wenn wir uns eingestehen können, daß unsere gelebte Wirklichkeit weit von unseren idealen Vorsätzen entfernt ist. Auch ist es meist leichter, hinterher klug zu sein, wenn man vom Rathaus kommt. Leben muß aber immer erst einmal vorwärts gelebt werden, mit vielen Irrtümern und Torheiten, die uns dann erst nachträglich aus dem Schmerz und oft genug aus nicht wiedergutzumachendem Verschulden Einsichten ermöglichen, aus denen dann die Hoffnung auf Änderung erst zur Wirklichkeit werden kann. Und darum geht es im persönlichen Leben wie im kollektiven Verhalten und Bewußtsein eines Volkes. Christen hoffen auf Vergebung aus der Liebe Gottes, aber Vergebung kann nicht erhofft werden ohne inneres Eingeständnis von Schuld, erfahrenem reuevollen Schmerz und, wo es gefordert ist, tätiger Buße und Wiedergutmachung. Vielleicht hat das sogenannte Wirtschaftswunder und seine Eilfertigkeit uns zu Unbußfertigkeit und Verleugnung der Trauer verführt, und jene nur scheinbare nationale Selbstzerfleischung war unecht, weil wir keine wirkliche Trauer fühlten. Wie aber können wir jemals den Haß und die Grausamkeit verstehen lernen, die zu jenen Unmenschlichkeiten führten? Nicht etwa, daß die übrige Welt außerhalb unserer Grenzen ausschließlich ein Ort der Liebe wäre. Nein, ähnliche Unmenschlichkeiten und Grausamkeiten werden in anderen Ländern unter religiösen, politischen und ideologischen Vorwänden fortgesetzt, genauso wie die frühe Judenverfolgung sich in Ländergesetzen, Stadtregeln, Judenpogromen und Ghetto-Absonderungen durch Jahrhunderte hindurch in vielen Ländern widerspiegelt. Es hilft uns aber wenig, mit dem Finger auf andere zu zeigen, denn selbst dann weisen stets drei Finger als Mahnung auf den zurück, der abwehrend auf den anderen zeigt, um sich selbst zu rechtfertigen.

Was aber ist Schuld? Wir nehmen den Begriff der Sünde, in der allein Schuld sich gründet, kaum noch ernst, weil wir das Bewußtsein zu sündigen kaum noch auf unser alltägliches Leben anwenden. »Jeder ist sich selbst der Nächste« kennzeichnet wohl am deutlichsten die Verirrung, aus der Verachtung, Grausamkeit und Zerstörungslust sich entwickeln. Denn sobald ich mir selbst der Nächste bin, ist jeder andere Nächste mir im Wege. In der maßlosen Selbstliebe ist zugleich unstillbares Begehren enthalten, das sich leicht in Begierde verwandelt. In kindlicher Einfalt glauben zum Beispiel viele, daß Sexualität als Ausdruck menschlicher Liebe oder Aggression böse und Sünde sei, und belasten sich dann mit falschen, ihr Leben einengenden Schuldgefühlen, die ihre geheime Selbstliebe und Selbstüberschätzung gerade verraten. In der Maßlosigkeit der Selbstliebe verfehlen wir das Menschliche, zu dem wir aufgerufen sind. Wissend um die Endlichkeit unserer Existenz, jedoch sie verleugnend, verleitet Selbstliebe zu dem Wunsch, sich selbst als Maßstab aller Dinge an die Stelle Gottes zu setzen. Indem der einzelne sich zum Maß aller Dinge macht, beginnt er, sich und das Seine als ausschließlichen Zweck zu verstehen, jedoch nicht mehr sich selbst als Mittel im Verhältnis zur Schöpfung und zu Gott. Dann werden andere, nächste Menschen wie Dinge als bloßes Mittel für den eigenen Selbstzweck mißbraucht. Die tiefe Angst, zu kurz zu kommen, beherrscht die Selbstliebe als Ausdruck des Zweifels an Gott und des Aufbegehrens gegen die Abhängigkeit des Geschöpfseins. Es ist diese Selbstherrlichkeit, die nicht nur zur Gottesverleugnung und zum Gotteshaß führt, sondern folgerichtig zur zerstörerischen Gewalt, mit der vermeintliche Hindernisse und damit auch andere Menschen dann in der Durchsetzung des Selbstzwecks beseitigt werden müssen. »Und willst du nicht mein Bruder sein, so schlag ich dir den Schädel ein« ist die bekannte Version einer durchaus mißverstandenen Brüderlichkeit, die kein vaterländisches Bewußtsein mehr ermöglichen dürfte.

Wir teilen die Unterdrückung, Mißhandlung und Ausrottung von Minderheiten in der Menschheitsgeschichte mit einer Reihe von Völkern, ohne daß wir dies als Entschuldigungs- oder Erklärungsgründe anführen könnten. Es würde nur zu jener Verleugnung der Vergangenheit führen, durch die sie in anderem Gewande wiederholt würde. Diesen unbewußten Wiederholungszwang sollten wir nicht verkennen, sondern uns vielmehr fragen und besinnen, warum ähnliches in anderen Völkern geschehen kann. Ist es die Gottesferne, der Antichrist in uns, denen wir zu viel Raum geben, verführt durch die leeren Versprechungen eines irdischen Sozialparadieses?

Menschliches Verhalten in der Geschichte wird keineswegs

durch politische oder ideologische Führer bestimmt, sondern durch die Mehrheit derjenigen einzelnen, die ihnen zu folgen bereit sind. Die Bewußtseinslage der Allgemeinheit entsteht aus dem jeweiligen Selbstverständnis, das jeder einzelne mit sich bringt, aus unserer historischen Identität, die wir so stolz Ich nennen. Diese jeweilige Bewußtseinslage bestimmt letztlich, ob wir in der Hoffnung auf Versprechungen und Erfüllungen falschen Führern folgen oder Widerstand aus besserer Einsicht leisten, ohne dabei der Gewalt zu verfallen, die wiederum nur dem Selbstzweck dienen würde. Spott, Martyrium und Tod waren das Schicksal der frühen Christen, die in Rom verbrannt, getötet oder von Löwen zerfleischt wurden. Wie war es möglich, daß ihre Glaubensstärke über den irdischen Tod hinausreichte? Sind wir als Christen heute bereit, ähnliche Opfer auf uns zu nehmen und in der Gewaltlosigkeit des Widerstandes uns zum Christentum zu bekennen, oder verfallen wir wiederum in die Verlockungen von Feuer und Schwert? Das ist eine ernste Frage, aus der sich letztlich in der weiteren geschichtlichen Entwicklung auch die Frage eines neuen nationalen Bewußtseins beantworten würde.

Aus dieser Perspektive hat Schuld und Sünde eine ganz andere Bedeutung. Wieweit bin ich bereit, mich dem Nächsten zu öffnen, ihm zu vertrauen, mich selbst eher als ein Mittel, als ein Werkzeug in Gottes Schöpfung zu sehen, statt meinem Begehren Raum zu geben, den anderen zum Mittel meines Zweckes zu machen, den ich selbst schaffe, um meine Gier und meinen Genuß zu befriedigen? Schuld liegt in der Unterlassung, in der Selbstverfehlung, die die Endlichkeit des Geschöpfseins verleugnet und nicht wahrhaben will, daß es der Bemühung vieler Generationen bedarf, um wirkliche Änderung herbeizuschaffen.

Das historische Christentum mag mit dazu beigetragen haben, insbesondere die mittelalterliche Sicht, daß die Mehrheit gläubiger Christen eher in der Furcht vor einem strafenden Gott lebt, als der Ebenbildlichkeit eines liebenden, helfenden, vergebenden und gütigen Gottes zu folgen. So wird in der Verselbstung des Menschen, der sich an die Stelle dieses falschen Gottesbildes setzt, der strafende, grausame, vernichtende Gott zu einer Art Selbstprophezeiung, die sich dann gegen den anderen vermeintlichen Sünder wendet, um ihn als

Ungläubigen abzustempeln, zu bestrafen und zu vernichten. Niemand entgeht aber damit der schmerzlichen Wahrheit und dem Eingeständnis der eigenen Sünde, bereits in diesem Schritt die maßlose Eigenliebe und den Größenwahn an die Stelle Gottes gesetzt zu haben. Hitlers demagogische Fähigkeit, stets die Vorsehung für sich zu beanspruchen und damit vermeintlich Gott auf seiner Seite zu haben, hat mich stets an ein Erlebnis mit meiner damals dreieinhalbjährigen Tochter erinnert, das typisch für die realistische Korrektur der kindlichen, natürlichen Größenideen dieses Alters ist. Vom Fenster beobachtete ich eine Gruppe von Kindern, die auf der Eingangsstufe des Hauses saßen. Besagte Tochter deklamierte laut mit beschwörenden Handbewegungen: »Ich bin jetzt ein großer Zauberer, ich verwandle euch alle ... nein, ich bin jetzt Gott ... « (Pause). Mein Gesicht muß ähnlich erschrocken ausgesehen haben wie das der anderen Kinder. In Sekundenschnelle folgte dann: »Ach nein, das geht ja nicht, ich kann ja nicht Gott sein, na dann bin ich eben der große Zauberer ... «

Diese kindliche Korrektur einer Größenidee aus Ohnmachtsgefühl an der Realität der erschrockenen anderen erschien mir als eine natürliche Einsicht in die Begrenztheit menschlicher Existenz, die jedes Kind haben kann, so magisch machthungrig unsere Wünsche in diesem Alter auch sein mögen, wenn wir uns hilflos klein fühlen. Ohne diese frühe Korrektur an der Wirklichkeit bleibt der Größenwahn bestehen und wird zur Schuld, die wir sofort an anderen erkennen können, solange wir die Begrenztheit der eigenen menschlichen Existenz verstehen und bejahen. Aber auch die verkappte Größenidee des sich selbst zerknirschenden und selbstanklagenden vermeintlich großen Sünders wird oft übersehen. Ich wüßte keine treffendere Beschreibung für die Korrektur solcher negativen Größenideen als einen alten jüdischen Witz: Als Moritz sich selbst endlos anklagt und herabsetzt, erhält er die treffende Antwort: »Moische, mach dich nicht so klein – so groß bist du gar nicht.«

In solchem menschlich übergreifenden Humor kommt jene Wahrheit zum Ausdruck, daß Verschulden und Schuld mehr fordern als Selbstanklage, Schuldverschiebung oder Projektion auf ein erfundenes Feindbild. Das gilt im persönlichen Leben und nicht weniger im Leben der Völker miteinander. Schuld erfordert Eingeständnis, innere Anerkennung, je nach Schwere, Bedauern, Reue, Trauer, sie erfordert Entschuldigung und den Willen zur Wiederherstellung des Zerstörten. Freilich wissen wir, daß Millionen Getötete nicht zum Leben zurückkehren können. Aber die Erinnerung an sie und an ihren Tod sollte unauslöschlich in uns leben als Mahnung, wie sehr wir zur Hoffnung berufen tätig sein müssen, um Veränderung zu bewirken.

Um diese Veränderung geht es: Hüten wir uns vor den scheinbaren Tugenden des namenlosen, unpersönlichen bürokratischen Apparates, der so hervorragend funktioniert und eine verlockende, teutonische Begierde ist. »Die Sehnsucht jedes Deutschen ist es, hinter einem Schalter zu sitzen, und die Furcht, vor einem Schalter zu stehen«, schrieb Kurt Tucholsky 1931. Die Entmenschlichung bürokratischen Denkens hat den Apparat der sogenannten Endlösung geschaffen, an dem so viele ahnungs- oder widerstandslos auf Befehl mitwirkten. Hüten wir uns vor der Entfremdung und Verfremdung mitmenschlicher Beziehungen in nachbarschaftlichem Umgang. Solche Entfremdung schafft das Klima für die Etikettierung von Sündenböcken, aber auch die verborgene Hoffart des biblischen Zöllnerbeispiels: »O Herr, ich danke dir, daß ich so viel besser bin als jener andere.«

Wo beginnen all diese nationalen und persönlichen Risiken? Im Gegensatz zu den falschen Propheten des Untergangs der Familie und der Zivilisation sollten wir zu jenen einfachen Pflichten zurückkehren, die den nachfolgenden Generationen Einsichten nicht durch Worte, sondern durch vorgelebtes Verhalten vermitteln. Tun wir das? Wir leben mit der Schuld der Unterlassung aus Angst vor Konflikten und Argumenten, aus Feigheit, für unsere Meinung und Lebenshaltung einzustehen, aus bequemer Scheinliberalität, während wir zugleich, ähnlich wie Sokrates vor zweitausend Jahren, mit beredten Worten die Untugenden und den Verfall der Jugend und ihrer Sitten beklagen. Selten gestehen wir uns selbst oder gar einander ein, wieviel mehr sich unser eigenes Begehren auf Genuß, Besitz und Selbstzweck richtet. Es gibt drei verschiedene Ebenen wohlgehüteter Geheimnisse: Auf der ersten Ebene versuchen wir vor anderen zu verbergen, was wir zwar über uns selbst wissen, aber nur ungern andere wissen lassen möchten. Auf der zweiten Ebene wissen wir sehr viel über uns selbst, aber wir wollen es weder wissen noch wahrhaben und verleugnen es vor uns selbst. Die dritte Ebene ist am einfachsten, aber wir versuchen sie oft um jeden Preis mit einem Schleier zu verhüllen und zu vermeiden: Es ist die schlichte, ungeschminkte Wahrheit, für die wir eines Tages einstehen müssen, wenn wir weder andere noch uns selbst täuschen, beschuldigen oder vor uns selbst davonlaufen können. Erst aus der Anerkennung dieser Wahrheit kann Wandel geschehen. Veränderung kann nur aus einem Entschluß kommen, und dieser Entschluß kann nicht kollektiv befohlen werden, sondern bedarf der Entscheidung jedes einzelnen in seinem Leben, aber auch seiner Durchhaltefähigkeit und Standfestigkeit im mutigen Widerstand gegen Gesinnungskorruption. Das ist eine schwere, mühevolle Aufgabe, die ohne Hoffnung nicht zu spürbaren Ergebnissen führen kann. Aber genauso wie wir die Annahme zunehmender Reife und inneren Wachstums im Ablauf des Lebens unterstellen, sollten wir aus der Dunkelheit kaum tilgbarer Schuld vorausgegangener Generationen dem eine andere Zukunft verheißenden Licht des Prinzips Hoffnung entgegengehen im Wissen darum, daß unser aller Leben Mittel der Schöpfung ist, deren Ziel uns in den Worten verkündet ist, daß Gott den Menschen nach seinem Bilde schuf.

Erst diese Rückbesinnung läßt uns auf Versöhnung und Veränderung hoffen. Solche Rückbesinnung bedeutet zugleich Rückbindung, das heißt re-ligio im ursprünglichen Sinne dieses Wortes. Wenn wir aus der Gegenwart unserer Existenz in unserer hochtechnisierten Kultur auf die Zukunft schließen wollten, so würden uns die erkennbaren Gegensätze von Lethargie und Uninteressiertheit einerseits und gewaltsamer Aggression, die Veränderung zu unklaren Zielen anstrebt, andererseits freilich in die Irre führen. Die Zukunft geht nicht aus der Gegenwart hervor, sondern aus der Vergangenheit. Erst im Wissen um die Vergangenheit können wir die Gefahren begreifen, die im Wiederholungszwang gegeben sind. Der Nationalsozialismus verachtete die Rechtsgrundlage und Bindung jeder menschlichen Herrschaft an den Grundsatz der Gerechtigkeit. Was heute als sogenannte Gegengewalt auf revolutionären Umsturz abzielt, ist in der Mißachtung von Recht und dem Mißbrauch Unschuldiger als Geiseln der Rechtlosigkeit nahe, die von den Nationalsozialisten in der Beseitigung und Tötung des politischen oder weltanschaulichen Gegners mit einer Zukunftsideologie gerechtfertigt wurde. Aber es ist die Angst der Gesellschaft vor Terror und Gewalt, die solche Entwicklungen ermöglicht. Wir müssen uns heute fragen, wie weit wir als Christen eine Wertwelt so weit relativiert haben, daß sie für den einzelnen, der nur noch auf seine Selbstverwirklichung aus ist, keine Bedeutung mehr hat. In der Suche nach vielerlei Kulten kommt die viel größere Schwierigkeit zum Ausdruck, die von uns fordert, bestimmte gesellschaftliche Werte des Zusammenlebens so früh und wirksam zu verinnerlichen, daß es jener äußeren Pseudogeborgenheit und falschen Gewissenskontrolle durch ebenso pseudo-religiöse Kulte, oft genug unter christlicher Tarnung, nicht bedürfte. Wir haben nicht nur gelebte Vorbilder verloren, sondern die Übereinstimmung, daß nur bestimmte Regeln des Zusammenlebens die Gewaltsamkeit und Lethargie verhindern können, denen wir uns zunehmend ausgesetzt sehen. Diese Regeln aber müssen gelehrt werden. Geschieht dies nicht, so sind den Aggressionstrieben des Menschen keine Grenzen mehr gesetzt, wenn die Liebe als verbindende Gemeinsamkeit verloren wird.

Was aber hat diese Veränderung bewirkt und wie könnten wir auf Veränderungen hoffen? Der primitive Mensch sah sich den Naturgewalten ausgeliefert, ohne sie mit seinen Mitteln bewältigen zu können. Wir nehmen heute Flutkatastrophen, Unwetter und andere von uns nicht zu beeinflussende Naturgewalten meist mit dem Bedauern hin, daß unsere Technik noch nicht genügend ausreichende Möglichkeiten gefunden hat, uns davor zu schützen. Darin kommt ein verborgener Glaube an die Technik und Wissenschaft zum Ausdruck, die uns ein Gefühl der Mächtigkeit gegenüber der Natur gibt. Zugleich ist es aber eben diese Technik und Wissenschaft, die uns vor allem dann Furcht einflößt, wenn wir ihre Folgen verkannt haben und nicht mehr übersehen können. Wir verlassen uns so sehr auf Technik und Wissenschaft, daß wir ihnen unser Leben tausendfältig anvertrauen. Wo beide versagen, sind wir geneigt, dies auf menschlichen Irrtum oder Versagen zurückzuführen. Zugleich gibt uns jedoch diese Technik ein Hochgefühl der Allmächtigkeit in der vergeblichen Hoffnung, sie werde unser Leben verländern oder uns vor dem Tode bewahren. Das Gegenteil ist der Fall: Die Auseinandersetzung mit Technik und Wissenschaft wird zu einer Überlebensfrage, die uns auf unsere Geschöpflichkeit zurückverweist.

Um Mißverständnisse zu vermeiden: Es besteht kein Grund, alle technischen und wissenschaftlichen Errungenschaften und Fortschritte allgemein zu verteufeln. Über dem optimistischen Allmachtsgefühl haben wir jedoch das Bewußtsein dafür verloren, daß wir uns weder selbst ins Leben rufen noch den uns vorbestimmten Tod verhindern können. Diese Begrenztheit der menschlichen Existenz mahnt uns an zweierlei: Die uns gegebene Lebensstrecke fordert eine Sinngebung, die auf anderes bezogen sein muß als auf mich selbst, sofern ich nicht Sinnentleerung und damit Lebensüberdruß als Ende der Selbstverfehlung und Selbstliebe erfahren will. Zum zweiten mahnt uns die Zeitbegrenztheit des einzelnen Lebens daran, daß nichts in einem einzelnen Leben je vollendet werden kann, daß wir nur Teilnehmer sind an einem historischen Geschehen, das von anderen Generationen fortgetragen werden muß. Das ruft uns in eine schwere Verantwortung, denn nur das von dir und mir gelebte Leben bestimmt schließlich, was überliefert, für gut befunden oder verworfen wird. Es ist in der Weltgeschichte vielleicht nur ein Millimeter, der dir und mir zugeordnet ist. Verfehlen Tausende und Millionen diesen Millimeter ihrer Lebenspflicht, so gerät ein großes Gebäude ins Wanken und stürzt ein.

Freilich bedarf es des Bekennermutes, um Christsein in einer anderen Weise als der Steuer- oder Kirchenzugehörigkeit, um diese Wirkung verbindlicher Verhaltensnormen in einer Gesellschaft wie der unsrigen zur Entfaltung zu bringen. Darin wird christliche Liebe oft mißverstanden: Das Gegenteil von Liebe ist nicht Haß, der nur aus enttäuschter Liebe entsteht und Abkürzungswege aus verletzter Selbstliebe sucht. Das Gegenteil von Liebe ist Gleichgültigkeit, Lauheit, Indifferenz und Lethargie.

Wenn wir nun erneut fragen, woher Veränderungen kommen könnten, die Aggressivität, Gewalt, Zerstörungslust und Gleichgültigkeit mildern, um einen neuen Aufbruch in eine andere Zukunft zu ermutigen, so sehen wir klarer, daß es drei Bemühungen sind, denen wir nicht ausweichen können:

1. Die Verantwortung für das eigene Leben und dessen

Sinnverständnis, das wir an jene weitergeben müssen, die durch unser Zutun in diese Welt gelangen und ihre Regeln nur durch unsere Lehren und Vorbilder erlernen und verstehen können. Es ist die Pflicht der Verantwortung für die heranwachsenden Generationen, der wir niemals entgehen.

2. Die Verantwortung für das gemeinsame Leben in jenen Raum- und Zeitdimensionen, die uns durch Geburt, Entwicklung, Erziehung und gesellschaftliche Übereinkunft bestimmt wurden. Dazu gehört die Zugehörigkeit und das freiwillige Bekenntnis zu einem Volk oder einer Nation, für deren Bestand, Einigkeit, Recht, Freiheit und Brüderlichkeit wir gemeinsam haften, ohne uns davor drücken zu können oder durch Abwertung eines vermeintlichen »Systems« unsere Zugehörigkeit und Mitwirkung an eben diesem System zu verleugnen, solange wir passiv und untätig bleiben.

3. Das Verstehen und die innere Annahme unserer Gebundenheit in die Begrenztheit der Geschöpflichkeit, in der Leben und Tod einem Schöpfer überantwortet sind, der uns Liebe und Gnade erhoffen läßt, selbst noch in den dunkelsten Irrwegen, zu denen wir uns selbst verleiten. Diese Hoffnung befreit uns von den manchem unerträglich erscheinenden Bürden des menschlichen Alltags. Erst in der Bemühung um echte religio, im Dialog mit Gott können wir begreifen, daß in allen Geschehnissen, die uns auf der ungewissen Lebensstrecke widerfahren, ein Sinngehalt mitgeteilt wird, der jeden von uns mit jenen Anteilen seines so hochgeschätzten Ich konfrontiert, die eben nicht im Sinne seines Schöpfers, sondern nur in seinem Eigen-Sinn waren.

Nehmen wir diese drei Bemühungen ernst, so ist das Ausmaß der Veränderung unabsehbar. Wir sind dazu berufen, als Christen in diesen drei Richtungen unsere Lebensziele zu verwirklichen. Schauen wir auf unser eigenes Leben, an welcher Weg- und Zeitmarke es auch immer angekommen sein mag, so begreifen wir um so mehr, wie sehr es Versäumnisschuld ist, die uns bedrückt, Verleugnung dessen, wozu wir von Anfang an aufgerufen sind und das wir ersetzt haben durch die Vergötzung der begehrlichen Selbstliebe.

Und jene, die glauben, daß sie einen Rosengarten erwarten und beanspruchen können, erfahren die Leere und Sinnlosigkeit des Besitzes, des Stolzes, der Gier, des Geizes, weil in jener letzten Stunde nichts bleibt. Der hohl gellende Ruf »Jedermann« in Hugo von Hofmannsthals gleichnamigem Stück erschallt nicht erst am Ende, wenn wir Rechenschaft geben müssen als einzelner, als Mitglied einer Gruppe oder eines Volkes. Dieser Aufruf zur Veränderung ergeht jeden Tag, auch wenn wir uns bemühen, ihn zu überhören und zu bagatellisieren.

Wir sind in die gefährliche Falle einer psychologischen und ökonomischen Bequemlichkeit geraten, aus der uns nur der Mut zum Bekenntnis der Versäumnisschuld retten könnte. Und hier mag der Schlüssel zu der zunehmenden Aggression und Lethargie liegen: Es ist die Angst, zu kurz zu kommen, wie Besorgnis um die scheinbare Kostbarkeit des eigenen Selbst, das wir künstlich mit unrealistischen Erwartungen füttern und aufblasen zu einem Popanz, dessen Zerrbild allein schon uns zeigen könnte, wie weit wir uns von der Ebenbildlichkeit entfernt haben, als die unsere Existenz gemeint war.

In der Rückbesinnung auf die für uns alle verbindlichen, zeitlosen Werte der menschlichen Existenz, in der Verteidigung dieser Werte gegen die mutwillige Zerstörung, in der beherzten Abwehr jener, die uns ein Diesseitsparadies versprechen, das mit Gewalt herbeigeführt werden soll, bewahren wir ein Christentum, das jenseits der nahezu zweitausend Jahre seines Bestehens erst am Anfang einer Entwicklung steht, die nur durch den Mut, die Entschlußkraft und die Beharrlichkeit jedes einzelnen Christenmenschen an seinem Platz, in seinem Leben weitergetragen werden kann.

Isolation durchbrechen

Wir erfüllen innerhalb eines straff organisierten Rollengefüges unserer Gesellschaft vielerlei Funktionen. Das Funktionsgefüge der technischen Massengesellschaft weist jedem einen bestimmten Platz zu, aus dem er glaubt einen Teil seiner Identität herleiten zu können. In einer scheinbar wohlgeordneten Hierarchie kann der einzelne sich dann zwischen ganz oben und ganz unten selbst einstufen, um seine soziale Position zu definieren. Irgendwo dort übt er seine Tätigkeit aus, die mindestens acht Stunden seines Tages in Anspruch nimmt. Weitere acht Stunden soll er – wenn er kann – schlafend verbringen, um neue Kräfte für den nächsten Tag zu sammeln. Es bleiben ihm acht weitere Stunden, um in der Familie zu leben, seinen Wünschen nachzugehen, Freunde zu treffen, zu lesen oder allein zu sein.

Heute sind es noch acht Stunden Freizeit. So unvorstellbar es klingen mag, schon in einem Jahrzehnt kann uns die drastische Verkürzung der Arbeitszeit vor das Problem stellen, gleichzeitig auch mit mehr freier Zeit fertig werden zu müssen, ohne daß deshalb unsre materiellen Bedingungen sich verschlechtern würden. Umgekehrt gibt es in der gleichen Gesellschaft eine kleine Schar von Menschen, die um so weniger freie Zeit haben, je mehr diese für andere anwächst. Es sind dies hauptsächlich fürsorgende, menschenführende und leitende Berufe, aber auch Politiker und Menschen, die im öffentlichen Leben Verantwortung tragen. Für sie wird Zeit knapper und kostbarer, die Last der Arbeit größer.

Viele Erscheinungen unserer Epoche sind nur die Signale und Symptome eines neuen, nachindustriellen, elektronischen Zeitalters, dessen Probleme wir noch immer mit den Mitteln historischer Erfahrung lösen möchten. Das ist ein beängstigender Irrtum. Keine bisherige Erfahrung läßt sich auf die Zukunft anwenden, wir alle müssen umlernen.

Wie sehen aber die Nöte des einzelnen konkret aus? Es beginnt in der Kindheit: zerbrochene Familien, ungeliebte Kinder, vernachlässigt, mißhandelt, sich selbst überlassen, den Bedingungen ausgeliefert, die sie selbst nicht ändern können. Das setzt sich fort für den Jugendlichen. Er steht zwischen ungleichen Wertmaßstäben. Hier die starren Regeln und die Undurchsichtigkeit einer Erwachsenenwelt, geprägt von Leistungszwang, Konsumzwang, Erfolgsbedürfnis, Konkurrenz, Profit, doppelter Moral und vorwurfsvoll geladen gegenüber den Folgegenerationen – dort die Gleichaltrigen, angepaßt oder rebellierend, leistungsbeflissen oder sektiererisch in Kleingruppen zerspalten und gegen jede Leistung gerichtet, jedoch auf Prestige bedacht, oder »ausgeflippt« nach Drogenexperimenten, mystischer Sektiererei und dem Versuch, der Freiheit der Entscheidung zu entrinnen durch Verweigerung der Nachfolge. Das verlängert sich bei der Suche nach dem Sinn: keine Berufschancen, scheiternde Frühehen und schließlich die bange, oft in Selbstmord endende Frage: Wozu das alles?

Die Zukunft spiegelt sich im Schicksal der einsamen Rentner, die mit geringer Unterstützung, ohne die Geborgenheit und Versorgung in einer Familie dahinleben, von Mieterhöhungen profitgieriger Hausbesitzer bedroht, dem fragwürdigen Schicksal der Pflegebedürftigkeit entgegenbangend, bis die Gesellschaft sie endgültig beiseite geschoben hat – wie andere Randgruppen auch.

Aber es geht uns gut. So gut wie nie zuvor. Die Blechschlange wälzt sich nach Süden, die paar tausend Tote sind den Opfern gleichzusetzen, die in der Leistungsgesellschaft unter die Räder kommen: kriminelle Jugendliche, die niemals wirkliche Zuwendung erfuhren, Straffällige, die lieber wieder ins Gefängnis zurückkehren, weil es mehr Sicherheit und Geborgenheit bietet, Selbstmörder, die keinen Ausweg mehr sehen, weil ihnen alles sinnlos erscheint, während viele im trauten Heim am Fernsehapparat die Programme der heilen Welt verfolgen – getröstet, daß wir ohne Not leben können.

Die eigene Not reicht aus: der tägliche leise Ehezwist, die unerträglichen Spannungen im Betrieb, der Ärger mit den unvernünftigen Kindern, die Ratlosigkeit gegenüber der veränderten Welt und die Angst, noch mehr Wertmaßstäbe aufgeben zu müssen. Es ist genug eigene Not zu bewältigen, ʟ Energie reicht nicht aus, sich um fremde Not auch noch zu kümmern. Das soll der Staat tun oder die Kirchen – wozu zahlen wir soviel Steuern? Wir enden also konsequent dort, wo uns das Ideal der Tüchtigkeit des einzelnen hingeführt hat: der Mensch dem Menschen ein Wolf! Wir beklagen die wachsende Unsicherheit, verurteilen die Bankräuber, die Mörder und die Sittlichkeitsverbrecher, aber wir fragen nicht mehr: Wo ist unser eigener verborgener Wunsch, immer mehr zu bekommen, den anderen, der uns im Wege ist, rücksichtslos zum eigenen Vorteil zu beseitigen oder mehr sexuellen Anreiz durch Konsum kommerzialisierter Sexangebote zu finden? Was wir also an den Tätern verurteilen, ist gleichzeitig auch in uns selbst, deshalb fordern wir härtere Strafen für diejenigen, an denen unsere Mentalität allzu sichtbar wird. Wir wollen uns nicht damit identifizieren, daß all dies mit uns selbst zu tun hat.

Wir sind an einem Ende angekommen, das nur noch Verluste zeigt, so hoch unsere Gewinne auch erscheinen: Verlust des Lebenssinnes, des Glaubens, des Vertrauens, der Liebe. Im Zeitalter der gepanzerten Ellenbogen versuchen wir den Mythos von der Tüchtigkeit des einzelnen aufrechtzuerhalten und züchten die Rücksichtslosigkeit, weil jeder überleben will, wenn alles unterzugehen droht. Unsere Werte stimmen nicht mehr, aber die Währung und Aktienkurse beunruhigen uns stärker als die Not des Schwächeren. Es geht uns so gut, daß wir um das Wohlergehen kämpfen müssen, das uns andere bezahlen. Die Sozialgesetzgebung ist unsere Entschuldigung, sie bewahrt den Armen wenigstens vor der nackten Existenznot, derweil wir überlegen, welche Verbesserungen unserem Besitz zugute kommen würden.

Die Ökonomen haben unser Leben diktiert, und wir waren bereit zu glauben, daß uns ein Anteil am Wunder zufallen würde. Wer nicht rechtzeitig zugriff, ist selbst schuld, denn mit Tüchtigkeit und Rücksichtslosigkeit hätte er es schaffen können. Es geht uns besser als je zuvor, aber die Not ist größer, weil jeder seine Ansprüche vergrößert hat und sie weiterhin vergrößern möchte. Wer ist bereit zu verzichten? Fünf Prozent des Einkommens für Bildungszwecke? Fünf Prozent für die Armen?

des einzelnen ist die Überforderung – für jeden von
... ... lere Weise. Jeder fürchtet, daß er zuviel auf einmal
... will er nicht auch zuviel? Wir hetzen einander zu
... jeder nur an seine Ziele, an sein Tempo, an seine
... ...kt, die ihn treiben. So treibt er die andern, die zu
seinen Sklaven werden, um sein Ziel zu erreichen.

Das Bewußtsein, in einer durch die Überfülle der Informationen sich ständig wandelnden Welt immer neue Umorientierungen vollziehen zu müssen, macht uns unsicherer als je zuvor. Die Angst und Unruhe wachsen gleichmäßig mit der Aggressionstendenz, die nur das Ausdrucksphänomen für die verleugneten Ängste ist. Wir bewältigen nicht mehr, was wir selbst geschaffen haben. Es geschieht uns, und wir nehmen es als unabänderlich hin, geneigt, uns noch mehr in die Isolation zu verkriechen, um wenigstens den eigenen, privaten Bereich zu verteidigen – eine heile Welt.

Während große Gruppen nach der Verkürzung der Arbeitszeit rufen, brechen die Führungskräfte unter der Überlastung zusammen und sterben irgendwo zwischen zwei Konferenzen. So bahnt sich die Mittelmäßigkeit den Weg in die Herrschaft, ratloser noch und weniger belastungsbereit. Ganze Jahrgänge unserer Jugend verweigern diesem Zermürbungssystem die Gefolgschaft, dabei kaum bedenkend, daß sie selbst die sozialen Folgen eines Tages tragen müssen. Viele entziehen sich im Rausch durch langsame Selbstzerstörung jeder Konsequenz der Zukunft. Sind wir froh über die zwangsläufige Reduktion des Bevölkerungsüberschusses durch Unfälle, Selbstmorde, soziale Rücksichtslosigkeit, Drogen und die Mülleimer der Leistungsgesellschaft, die Gefängnisse? Inmitten dieser chaotischen Situation verwalten wir die Welt weiter durch das Verschieben von Akten, Zuständigkeiten und das Aufteilen von Verantwortung bis zur Unkenntlichkeit. Das Gesetz der Verzögerung diktiert die Entscheidung.

Gibt es Lösungen und Hilfen, die die Not des einzelnen steuern können? Es ist eine der Paradoxien dieser Epoche, daß die Not des einzelnen sich nur durch einen neuen Zusammenschluß zu handlungsbereiten Gruppen beheben ließe. Wir haben ein System der Urbanisierung erfunden, in dem Menschen wochenlang tot in ihrer Wohnung liegen, ohne daß es jemand bemerkt. Der Tote fehlt uns nicht.

Die soziale Frustration ist so vollkommen geworden, daß Millionen, die am Freitagabend die Türen hinter sich schließen, dahinter einsamer sind als am Arbeitsplatz. Sie fürchten sich vor dem Wochenende, und wenn sie sich auf die Straße, in einen Park oder ein Restaurant wagen, spüren sie ihre Einsamkeit und Isolation nur noch schmerzlicher.

Was tun wir dafür – dagegen? Wir halten traditionelle Gottesdienste, erwarten die erbauliche Sonntagspredigt und sprechen von der Gemeinde, die keine mehr ist. Wir sprechen vielleicht gelegentlich mit den paar Leuten, die wir kennen, weil sie uns vertraut sind. Dem Fremden, Unbekannten trauen wir nicht mehr über den Weg. Es gibt einzelne Gruppen, die beginnen, die Not dort aufzuspüren, wo sie ist. Menschen, die sich zusammenschließen, weil sie fühlen, wie notwendig es ist, eine neue Strategie des Überlebens zu entwickeln, im kleinen wie im großen. Es sind aber nur wenige Gruppen, die begriffen haben, daß dieses Neue nur aus der Gemeinsamkeit eines voll geteilten Lebens erwachsen kann. Sind wir bereit, unser Leben mit anderen zu teilen, oder haben wir so genug von ihnen, daß wir froh sind, uns in unsere mühsam ersparten Eigenheime und gut eingerichteten Wohnungen wie in ein Schneckenhaus zurückzuziehen?

Gibt es eine Antwort auf die Nöte, die uns bedrängen, wenn sie uns mehr und mehr in die Vereinzelung treiben? Ja – radikale Offenheit, Bereitschaft zu Hilfe, Erfahrungsaustausch und Abbau der Selbstliebe und der Selbstbezogenheit durch korrigierende Gruppenerfahrung, die uns mit unserer selbstgezimmerten Eigenliebe konfrontiert. Auf diese Weise wird der ursprüngliche Sinn unseres Lebens von neuem offenbar: nämlich für und mit anderen zu leben.

Wir haben verlernt, uns mit der Not des Mitmenschen zu identifizieren, weil es uns so gut geht, daß wir mehr um das eigene Wohlergehen besorgt sind als um die Not des anderen, die wir zu fliehen versuchen. Wir zerstören uns selbst, indem wir unsere mitmenschliche Gesinnung so gründlich verraten haben, daß uns der andere nur noch Mittel zum Zweck oder lästiges Hindernis bei der Erreichung unserer Ziele ist. Die Unmenschlichkeit hat noch nicht ihren Höhepunkt erreicht. Wir beginnen erst in der Terminologie der Massenausrottung zu denken, die uns durch die globale Über-Rüstung möglich geworden ist. Wann werden wir lernen, daß wir die moralische Verantwortung für alle technologischen Mittel tragen, die wir erfunden haben? Wann werden wir diese technischen Wunder nicht für Profit, sondern für Hilfe am Nächsten verwenden?

Die Not des einzelnen spiegelt eine Zeitenwende. Wir haben die Wahl, den einzelnen nur noch als Funktionsteil einer Masse zu werten. Das macht ihn auswechselbar, anonym und belanglos, wo immer er ist, am Arbeitsplatz, unter Freunden oder im Ehebett, denn er bleibt ein Funktionsfaktor in einem Gefüge, das ihn bewegt, während er zugleich glaubt, es in Gang zu halten, und doch nur geschoben wird. Wir können uns aber auch darauf besinnen, daß der einzelne auf seinen Nächsten angewiesen ist, für den er zugleich Verantwortung trägt wie dieser für ihn. Das ist eine Frage des sozialen Gewissens. Haben wir es noch? Kennen wir noch den Weg, der dazu führt, den anderen wahrzunehmen?

Wir werden uns neu zusammenfinden müssen in der Entschlossenheit, den größten Angriff auf die Menschheit dort abzuwehren, wo er gerade beginnt: ihre Selbstzerstörung vor unseren Augen. Es wird mehr Mühe, Tränen, Enttäuschung und Verzweiflung kosten als der materielle Gewinn, den manche emsig zusammengescheffelt haben. Die Wandlung der Welt beginnt nicht irgendwo, sondern bei dir und bei mir, bei ihm und bei ihr, heute und hier, ohne Aufschub. Es hängt von deinem Tun und Lassen, von meinem Handeln oder Versäumen ab, was morgen geschieht. Wir müssen lernen zu entscheiden, hier und heute, mit einem klaren Ja oder klaren Nein. Nur davon hängt in Wahrheit ab, was geschieht, nicht von den Großen der Welt, den Politikern, den Mächtigen, den Herrschaftsstrukturen oder auf was immer wir uns hinausreden möchten. Diese Not werden wir nur wenden durch eine Sinneswandlung, die von den überwältigenden technischen Möglichkeiten auf eine Weise Gebrauch macht, die uns überleben und Not lindern läßt, statt uns gegenseitig zu zerstören.

Konkretisiert man diese Perspektive, so wird ersichtlich, wie ziellos wir noch dahintasten, ohne das Naheliegende zu sehen. Wir werden uns in räumlichen Nachbarschaftsgruppen und -bereichen neu zusammenfinden müssen. Die längere Freizeit wird uns in Kürze zwingen, das vorhandene Potential an Fachkräften auf die Lösung sozialer Probleme in unserer Nachbarschaft zu zentrieren. Wir werden die Mittel der Datenverarbeitung nutzen müssen, um in kürzester Zeit realistische Unterlagen für erforderliche Entscheidungen und soziale Hilfen zu haben. Wir werden unser Erziehungssystem dahingehend verändern müssen, daß die Grundsätze lebenslangen Lernens für jeden zur Selbstverständlichkeit werden. Wir werden das irrige Ideal des tüchtigen einzelnen aufgeben müssen zugunsten der Fähigkeit, in Gruppen mit verteilter Aufgabenlast zusammenarbeiten zu können. Wir werden die verlogenen und unechten Illusionen der Werbeapparaturen abbauen müssen, um Konsumverzicht für jene Bereiche zu erlernen, die einer vorprogrammierten Irrealität totaler Lusterfüllung dienen.

Und wir werden lernen müssen, menschlicher mit uns selbst zu sein. Wir leben in einer unteilbaren Welt, die Steinzeitkulturen neben hochzivilisierten technischen Kulturen beherbergt, nur wenige Flugstunden voneinander entfernt. In dieser Diskrepanz des Entwicklungsstandes bildet sich nur im großen ab, was wir in unserer kleinen Welt tagtäglich vorfinden. Diese kleine Welt ist das Übungs- und Erfahrungsfeld für unsere zukünftige Arbeit an der Lösung der Not des einzelnen. Es wird uns wenig helfen, wenn wir uns selbst bemitleiden, nicht in einer anderen Epoche zu leben, die uns geruhsamer erschien. Wir können uns nicht auf die Erfahrungen der Vergangenheit stützen, wenn schon die Mittel der Gegenwart versagen. Vielmehr ist es unsere Aufgabe, eine Welt zu erarbeiten, die dem noch ungeborenen Kinde eine Chance gibt, ohne unsere Nöte zu leben. Nur diese Welt der Ungeborenen vermag uns zu lehren, was wir falsch machen, nicht die Tradition der Vergangenheit. Nur der mutige Schritt in diese ungewisse, unentdeckte Zukunft wird uns auch offenbaren, wie wir hier und jetzt aus der Verachtung und der Zerstörung des einzelnen herauskommen.

Glaube, Liebe und Hoffnung werden wir unverändert brauchen, genauso wie den Mut, uns von der Vergangenheit zu lösen, die Untergang bedeutet. Der Mensch hat durch alle Jahrtausende hindurch die Möglichkeit zum Guten und zum Bösen gehabt, die Fähigkeit zu Aufbau oder Zerstörung. Es ist unsere Freiheit, hier und heute die Entscheidung zu treffen und uns zu wandeln. Es scheint hohe Zeit.

Solidarität erlernen

Solidarität meint Einigkeit aufgrund gemeinsamer Interessen und Gefühle oder angesichts einer erkannten Gefahr. Im zwischenmenschlichen Bereich ist diese Einigkeit dadurch gekennzeichnet, daß wir verschiedene Interessen haben und uns daher schwertun, einen gemeinsamen Nenner zu finden, der in vollem Ausmaß übergreifend ist und wirklich Einigkeit herbeiführt. Mit der Einigkeit ist es dann leider nicht getan; denn allzubald bemerken wir, daß eine andere Gruppe mit völlig verschiedenen Interessen die gleiche Einigkeit für sich in Anspruch nimmt, nicht selten, wie etwa in Kriegen, mit der felsenfesten Überzeugung, daß Gott und alles Recht allein auf ihrer Seite sei.

Fragen wir uns also zunächst: Solidarität für welches Ziel? Mit was und mit wem – oder gegen wen und was? Vergessen wir auch nicht den Unterschied zwischen Wort und Tat. Solange unser Reden sich von unserem Tun allzusehr unterscheidet, weichen wir jener Forderung aus, die uns aufträgt, die Last des anderen zu tragen – eine Zukunftsaufgabe, die in dieser Geschichtsepoche die ganze Welt und alle Völker einschließt. Dabei sollten wir uns nicht über den Zeitraum täuschen, den diese Welt bei der Entwicklung in Anspruch nehmen wird. Solidarität ist Friedensinstrument, Kampfmittel oder Lernziel der Zukunft, das uns zunehmend bewußt macht, in welchem Ausmaß wir von Mißtrauen, Ungläubigkeit und Pessimismus bestimmt werden, wenn es um Ziele geht, die weit über das einzelne Menschenleben hinausweisen. Angesichts dieser Neigung zur »paranoiden Strähne«, wie Arthur Koestler die Bereitschaft gekennzeichnet hat, mit primitiven Aggressionsimpulsen zu reagieren, wann immer es um Unterschiede der Interessen, Meinungen und Ziele geht, bedürfte es zunächst einer genaueren Betrachtung, wo und wie unser Verhalten entsteht und wodurch es immer wieder von neuem bestimmt wird, solange wir uns als vermeintliche Schöpfer dieser Welt betrachten, in der wir nur sterbliche Geschöpfe sind, an deren Leben und Erleben die Macht und Größe eines anderen sichtbar wird, der über Leben und Tod bestimmt. Daran haben offenbar Revolutionen und revolutionäres Gerede genausowenig zu verändern vermocht wie die falsche Solidarität der Gewalt, die den vermeintlichen Gegner zum Unmenschen abstempelt, um Rechtfertigung für Mord, Totschlag, Raub und Entführung zu finden – im Interesse einer Ideologie, die der Utopie größerer Freiheit anhängt, während die Taten den Terror ausweisen, in dem die Menschlichkeit aller anderen verleugnet wird. Was immer die bewußte oder unbewußte Motivation solch fehlgeleiteter Solidarität sein mag, das Zukunftsbild des protestierenden, negativen Helden ist durch die Furcht bestimmt, die durch geheime und hinterhältige Macht in anderen erweckt wird, deren Rechte mißachtet werden. In solcher Solidarität ist kein Geheimnis. Die Stellvertretung wird zur Absurdität: Jesus Christus und seine Jünger haben die Welt weder durch Mord, Raub, Bombenanschläge und Terror bekehrt, noch sind sie den Leiden ausgewichen. Es ist die Verweigerung, die eigene Last und die der anderen willig zu tragen, die den Antichrist kennzeichnet; denn: »Fürwahr, er trug unsere Krankheit und lud auf sich unsere Schmerzen« (Jes 53,4). Das mahnt uns daran, daß wir Gott nahe sein können, indem wir die eigene Schwere und die Last der anderen gemeinsam tragen und ertragen in allen Lebensbereichen, in denen unser Leben vom übergreifenden Prinzip der Geschöpflichkeit bestimmt wird.

Von den drei Grundsätzen der Französischen Revolution: Freiheit, Gleichheit, Brüderlichkeit haben wir die Brüderlichkeit am allerwenigsten verstanden und verwirklicht. Vielmehr findet das Wort Bruder mehr negative Adjektive als positive: »Scheinheiliger Bruder« oder: »Das ist mir ein schöner Bruder« oder gröber: »So ein mieser Bruder« kennzeichnen wiederum Enttäuschung, Mißtrauen und Skepsis gegenüber der Solidarität und der Brüderlichkeit.

Gesellschaft als Solidargemeinschaft würde nicht nur bedeuten, daß jeder einzelne eine personale Verpflichtung gegenüber dem bedürftigen Menschen hätte, sondern Gewaltfreiheit, Verzicht auf physische oder psychische Bedrohung zur

Durchsetzung eigener Interessen genauso wie eine Veränderung der menschlichen Arbeitsbeziehungen. An die Stelle des traditionellen Herr- und Knechtverhältnisses müßte ein anderes Selbstwert-Bewußtsein treten, das mehr durch das Wissen um menschliche Gemeinsamkeiten als durch künstliche Rangordnungen bestimmt ist. Alle sozialistischen Weltbeglückungskonzepte bleiben leere und unwahrhaftige Modelle, solange es nicht gelingt, mit einer Veränderung der Prinzipien unseres Zusammenlebens zugleich den einzelnen aus der Befangenheit seines Ich, das er ängstlich verteidigen zu müssen glaubt, in die größere Weite eines gemeinsamen Wir zu führen. Die Zielvorstellungen echter Solidarität im christlichen Sinne erweisen sich damit als viel radikaler und wirklichkeitsnäher als alle Ideen einer bloßen Umgestaltung und Sozialisierung der sozio-ökonomischen Bedingungen. Es gibt erschreckende Beispiele des Sozialismus, die eine eher kleinbürgerliche Misere von schlimmeren Rangordnungen, Prestigebedürfnissen, Machtmißbrauch und Gewaltanwendung zeigen, die sich in nichts vom zuvor bestehenden Gesellschaftsmuster unterscheidet außer in einem Auswechseln der herrschenden Personen und intensiverem Zwang zur Konformität.

Aber wie ist diese Flucht aus der Solidarität in die eingeengte Ich-Welt entstanden, in der wir uns fast regelmäßig angesichts jeder Veränderung nur eine erste Frage stellen: Wo bleibe ich denn dabei? Wie ist diese Auswucherung des Ich zu verstehen, die uns so weit voneinander isoliert, daß wir zwar erwarten, andere müßten uns und unsere Last freudig ertragen, während wir uns zugleich ständig dagegen sichern, selbst keine neuen Lasten auf uns zu nehmen, solange wir sie anderen aufbürden können. Dem Verlust an persönlicher Verantwortungsbereitschaft steht eine weit größere Anspruchshaltung gegenüber, als hätten wir jedes Recht, Befriedigung unserer Ansprüche in allen Lebenslagen zu fordern. Begegnen wir solchen Haltungen im einzelnen, so bezeichnen wir sie mit Bedauern oder Verachtung als kindliche Überbleibsel, so als wolle jemand eine Freifahrkarte für die Lebensstrecke ergattern, für die die anderen zahlen sollen, oder, schlimmer, als Trittbrettfahrer, ohne den Beitrag zur gemeinsamen Mühe zu leisten. Wenn wir die kindliche Entwicklung betrachten, die uns alle in den ersten Lebensjahren prägt, so kann kein Zweifel darüber bestehen, daß unsere Triebbedürfnisse ursprünglich drängend sind und sofortige Befriedigung fordern. Erfolgt sie nicht, so sind wir nicht nur unbefriedigt und enttäuscht, sondern frustriert und zu jeder Aggression bereit, die uns zum erwünschten Ziel, der Triebbefriedigung, führt. Zugleich befinden wir uns in fast vollständiger Abhängigkeit, da wir klein und hilflos der Umgebung machtvoller Erwachsener ausgeliefert sind. Das prägt sich tiefer ein, als wir annehmen, und über manchem Leben hängt dann eine unsichtbare Überschrift: Nie wieder!

Die Angst, in Abhängigkeit zu geraten und anderen ausgeliefert zu sein, verstärkt sich um so mehr, je größer das Macht- und Herrschaftsgefälle ursprünglich erlebt wurde. Wir vergessen allzuleicht, daß für mehr als zehn Jahre jedes Lebens in unseren Gesellschaften das subjektive Abhängigkeitsverhältnis durch die Körpergröße und physische Stärke der uns umgebenden Erwachsenen bestimmt wird. Die Welt sieht aus 40–50 Zentimeter Augenhöhe eben anders aus als aus dem Blickwinkel von 1,60–1,70 Meter. Wer das nicht glaubt, sollte sich auf den Fußboden setzen und von dort aus zu einem Mitmenschen von normaler Größe emporschauen, der dicht neben oder vor ihm steht. Er wird spüren, wie viele Abhängigkeitserinnerungen aus der Kindheit dabei aufsteigen. Die logische Folge solcher Erfahrung ist eine Solidarisierung mit Gleichaltrigen und gleich Großen, die sich in einer ähnlichen Lage befinden. Wenn wir nicht das geringste über Solidarität wüßten, geschweige denn über Organisation, so haben doch die meisten unter uns diese Art der Einigkeit gegen Erwachsene, Lehrer und andere Autoritätsgestalten erlebt und erinnern sich hoffentlich lebhaft daran. Das Machtgefühl, Autorität überlisten und umgehen zu können, versöhnt uns gelegentlich mit der Pein der fortbestehenden Abhängigkeit. Aber selbst in der Gruppe Gleichaltriger, die unsere ersten Sozialerfahrungen prägt, bleibt der Unterschied körperlicher Über- oder Unterlegenheit, von dem Unterordnung und Fügsamkeit oder Rivalität und Konkurrenzkampf bestimmt werden.

Es ist eine verständliche Befürchtung jedes Kindes, aber nicht minder jedes Erwachsenen, von der für ihn bedeutungsvollen Umgebung abgelehnt und ausgeschlossen zu werden, während zugleich die Hoffnung sich fortsetzt, sich voll angenommen zu fühlen. Gefühle haben sich in Tausenden von Jahren im Grundprinzip nicht geändert. Wir haben nur andere Formen gefunden, diese Gefühle zu unterdrücken oder erkennbar zu machen, je nach der Lage, in der wir uns befinden. Die meisten dieser Gefühle hängen jedoch mit Wünschen oder Ängsten zusammen, die wir weder uns selbst noch anderen eingestehen. Der Wunsch, geliebt und angenommen zu werden, überwiegt in unserem Leben aufgrund der ursprünglichen Abhängigkeit, der wir ausgeliefert waren. Trotz, Rachebedürfnisse und Zerstörungswünsche, seien sie gegen die eigene Person oder gegen andere gerichtet, sind nur die Abkürzungswege enttäuschter Hoffnung auf Liebe und Angenommensein. Das Gegenteil von Liebe ist nicht Haß, der nur die enttäuschte Liebe ausdrückt, sondern Gleichgültigkeit. Gleichgültigkeit kennt weder Sorge noch Liebe. Die Sorge aber ist stets in die Liebe eingeschlossen. Die Abwehr der Sorge in der Gleichgültigkeit findet ihren klassischen Ausdruck in der Vulgärphrase: »Das ist mir scheißegal. Von mir aus kann der (oder können die) verrecken.« Die Verweigerung der Hilfeleistung und der Solidarität mitmenschlicher Sorge kennzeichnet die Angst vor dem Selbstverlust. Wer sich selbst nicht hat, kann sich nicht geben ohne die Angst, sich selbst zu verlieren. Ist unsere Epoche nicht auch dadurch gekennzeichnet, daß viele sich an dieses Ich-Selbst anklammern, dem jedes Bewußtsein *innerer* Sicherheit fehlt?

Wer lehrt die Grundverhaltensweisen des Lebens, und wie erlernen wir sie? Niemand wird daran zweifeln können, daß wir alle einst den aufrechten Gang nur dadurch erlernten, daß uns eine stärkere Hand führte und vor dem Fall sicherte. Genauso lernen wir greifen, ergreifen und begreifen, hergeben und behalten, haben und nicht haben, besitzen und festhalten, loslassen und weggeben, sehen, hören, riechen, schmecken und ertasten wie berührt werden. Wir lernen es nur dann, wenn eine liebevolle Umgebung uns Schritt für Schritt an die uns unbekannten Dinge, Beziehungen, Zusammenhänge und Naturgesetze heranführt, so daß wir die Welt und uns selbst verstehen lernen. Wer annimmt, das sei in zehn oder zwanzig Jahren zu bewältigen, irrt gewaltig über das Ausmaß des zu Erlernenden im mitmenschlichen Zusammenleben. Das Prinzip des lebenslangen Lernprozesses wird erst dann voll erkennbar, wenn wir begreifen, wieviel Neues auf jeder Stufe des Lebens zu erlernen ist. In diesem lebenslangen Lernprozeß werden wir jedoch zu eigenständigen Einzelwesen, die sich auf ganz verschiedene Weise voneinander unterscheiden.

Eine Hauptaufgabe der Reifungsjahre ist es eben, diese von anderen sich unterscheidende Eigenständigkeit zu entwickeln, die zugleich soviel an Anpassung an die Grundregeln der Altersgruppe erfordert, daß wir nicht aus gemeinsamer Ordnung und Solidarität herausfallen und in peinvolle Isolation und Einsamkeit geraten. Gemeinsame Solidarität oder isolierte Vereinzelung ist demnach ein Gegensatz, der sich uns sehr früh andeutet, wobei auch hier zwischen der notwendigen Fähigkeit zum Alleinsein und dem Schmerz unfreiwilliger Einsamkeit zu unterscheiden wäre. All diese Zusammenhänge haben wir im Durchschnitt etwa bis zum 18. Lebensjahr erkannt und erlernt, ohne sie voll meistern zu können. Aus der früheren äußeren Abhängigkeit wird dann eine innere Abhängigkeit von der Stimme des Gewissens, die jedes Ja und Nein früherer Autoritäten verkörpert, die wir verinnerlicht haben. Freilich sieht manches Gewissen auch dann noch aus wie ein Schweizer Käse, mit großen Löchern, die erst allmählich abgedichtet werden. Aber wer hätte nicht einst Radfahren hauptsächlich durch Herunterfallen erlernt? Und wer hätte nicht ein paar Narben an Knie und Ellbogen, die ihn daran erinnern, daß er trotz erlernter Künste des Radfahrens im Rausch der Geschwindigkeit die Kurve nicht rechtzeitig bekam und die eigenen Fertigkeiten überschätzte? Wir lernen aus Fehlern, die wir begehen, oder wiederholen die gleichen Fehler im Leben so lange, bis wir einen Schlag zwischen die trotzigen Hörner bekommen, der uns aufweckt und darüber belehrt, daß wir etwas ändern müßten.

Soweit also mag sich der einzelne bis zu dem Punkt im Leben entwickelt haben, an dem er seine Flügel ausbreiten und ins erwachsene Leben hinaussegeln möchte, erfüllt von hochfliegenden Träumen und Erwartungen. Die Sage von Daedalus und Ikarus verkündet uns, daß die Weisheit nicht neu ist. Sie warnt jeden vor dem Absturz, der ihm droht, wenn er sich allzuweit über die vermeintlichen Niederungen der Allgemeinheit erhebt. Und hier begegnen wir einer anderen

Zwiespältigkeit des Solidaritätsgefühls. Auf der einen Seite möchte jeder ein wenig über die anderen hinausragen, aber zugleich fürchtet er, sich allzusehr zu unterscheiden oder vom Neid anderer verfolgt zu werden.

Es besteht kein Zweifel, daß unser elterliches, schulisches und berufliches Erziehungssystem unverändert auf Rivalität, Konkurrenzkampf und Leistungsnachweis abgestellt ist, eine unverkennbare Form des Neo-Darwinismus, der immer wieder in faschistische Arroganz abzugleiten droht. Diese Tendenz steht dem Lernziel Solidarität entgegen, oder sie formt eine heuchlerische Solidarität, die Zweckinteressen bestimmter Gruppen dient. Unser Leben ist so sehr an die Zwecke und Zweckmäßigkeiten verraten und verkauft worden, daß der Sinn abhanden zu kommen droht. Falsche Solidarität erhebt das Brutto-Sozialprodukt zum Goldenen Kalb, dessen Anbetung das Ausmaß hedonistischer Zielsetzungen bestimmt, die wir täglich anwachsend beobachten können. Schließlich will niemand mehr Unangenehmes tun, sagen oder übernehmen, geschweige denn die Last der anderen tragen, wenn er fortwährend der eigenen wirklichen Last zu entrinnen versucht, die in seinem kindlichen Lustbedürfnis, der Überansprüchlichkeit und der Unfähigkeit zum Ausdruck kommt, Triebbedürfnisse aufschieben oder verringern zu können, sei dies auf dem Gebiet der Sexualität oder der Aggression. Unser modernes Heidentum ist so gut getarnt, daß es um so wohlgefälliger erscheinen muß, je mehr dem einzelnen leichte Wege zur Befriedigung versprochen werden – ein kommerzieller Trick, der uns von jeder Litfaßsäule, von Kinoplakaten und Werbeprospekten her genauso angrinst wie vom Fernsehschirm, der uns eine glücklichere, erfülltere Welt verspricht, sobald wir uns der angebotenen Produkte bedienen. Ist diese Solidarität der Verkaufsmanager und Werbepsychologen das erstrebenswerte Ziel? Was für ein Menschenbild wird uns hier vermittelt, das Behinderte, Kranke, Alte und Hilflose nicht nur ausschließt, sondern ihre Existenz als eine menschliche Verpflichtung für uns alle vollständig verleugnet? Ist es wahr, daß es nur der genügenden Menge von einschlägigen Drogen, Pillen und Medikamenten bedarf, um uns von allen Lasten menschlicher Existenz und unserem Gewissen zu befreien und in einem »Happy High«, dem Hochgefühl der Selbsttäuschung über die scheinbare Ich-Erweiterung, jeder als schmerzlich empfundenen Begrenzung unseres Schicksals der Sterblichkeit zu entrinnen? Sollen wir uns damit solidarisieren, und wo würden wir enden? In diesem Lande sollten wir nicht vergessen, daß es Rattenfänger wie Hitler und Himmler waren, die Nietzsches Menschenverachtung verwirklichten, daß man, was fallen will, noch stoßen solle. Der Faschismus hat versucht, Hunderttausende von seelisch gestörten Menschen auszurotten, die völlig harmlos waren und niemandem etwas zuleide taten, nur um militärischen Zwecken Raum zu geben. Es waren die Kirchen, die Einhalt geboten. Aber sind wir nicht erneut gefangen in falschen Solidaritätsbemühungen um der Zwecke willen?

Wie aber, wenn wir begreifen, daß jedermann solches Schicksal zustoßen könnte, wenn sich der Wert des einzelnen nur nach seiner Verwendbarkeit als Produktionsmittel bestimmt, sei es in einer staatskapitalistischen oder privatwirtschaftlich dominierten Gesellschaftsordnung? Welche Lasten tragen wir für wen? Gewiß, wir alle haben verstanden, und es scheint beinahe langweilig selbstverständlich, daß wir dem Mitmenschen in Not beistehen und helfen sollten. Aber wo findet das seine Grenze? Wieviel kann ich von dem opfern, was mir gehört, und viele mögen fragen: »Was habe ich davon?« Eine Kernfrage unserer Epoche: Was bringt es *mir* ein? Nicht etwa: Wieweit hilft es uns allen? Wir wählen aus in unserer Bereitschaft zur Solidarität, und zwar meist, was uns am bequemsten erscheint. Schließlich gibt es auch die Selbsttäuschung des Helfers, der so leicht übersieht, wieweit seine Bereitschaft zur Hilfeleistung für andere der Aufbesserung des eigenen Selbstwertgefühls dient. Nichts ist für den hilfsbedürftig Abhängigen schwerer zu ertragen als Hilfeleistung, die ihn zunehmend in verstärkte Abhängigkeit geraten läßt, anstatt ihn zu ermutigen, eigene, bisher brachliegende Kräfte und Fähigkeiten zu entwickeln, die ihn unabhängiger machen. Es ist eine vertrackte Helferpsychologie, die sich über das Unglück des anderen erhebt und gnädig Brosamen vom Tisch der Reichen überläßt, wo zunächst Einsicht erforderlich wäre, wo und wie die eigene innere Armut sich hoffärtig am Unglück des anderen weidet, das uns nicht betroffen hat. Falsche Solidarität projiziert die eigene Schwäche in andere – ein Geschehnis, das wir in so vielen Ehen und Familien beobachten können, wenn sich der nur scheinbar Stärkere dadurch zu schützen versucht, daß er dem anderen alle eigenen, uneingestandenen Schwächen zuschreibt, die er in sich selbst zu verbergen sucht, um sich dann in der Rolle des bereitwilligen Helfers wohlzufühlen. Das gilt nicht nur für Ehe und Familie, sondern für jede mitmenschliche Beziehung in Freundschaften, am Arbeitsplatz, in täglicher Begegnung mit unbekannten Dritten, an denen wir achtlos vorbeigehen, ohne Bemühung zu erkennen, was zu erkennen wäre: Mitmenschlichkeit – es sei im Nebeneinander überfüllter Verkehrsmittel, am Straßenrand, wenn wir auf das grüne Licht warten, in Gaststätten, wenn wir den eigenen Tisch suchen, um jedem möglichen Kontakt aus dem Wege zu gehen und in unserer eigenen Welt bleiben zu können.

Der erste Schritt zur Solidarität wäre die Einsicht, daß wir anderen durch unser bloßes Vorhandensein genauso schwerfallen wie sie uns, wenn wir von dem Grundsatz ausgehen, daß wir diese unsere Welt aus Angst um unser Selbst und unseren Besitz so wenig wie möglich mit anderen teilen möchten. Ist das genug? Sicher nicht, solange wir nicht wahrhaben wollen, daß in dieser Welt, die wir selbst geschaffen haben, unser Überleben und die Zukunft kommender Generationen eben davon abhängen werden, wieweit wir uns darüber einigen, wie unsere Lebensbedingungen und unser Zusammenleben aussehen müßten und welche Veränderungen notwendig wären, um zu einer mitmenschlichen Lebensweise zu kommen, die die Würde des Menschen wiederherstellt und der Selbstzerstörung Einhalt gebietet, an der wir so fleißig unbedacht mitarbeiten. Wir befinden uns auf einem Wege, auf dem wir vor längerer Zeit eine Wegegabelung übersehen haben. Noch hätten wir die Möglichkeit, umzukehren und dorthin zurückzugehen, wo der Irrweg begann, der leichter erschien: in der Abwendung vom Bewußtsein der Geschöpflichkeit und der Vergötzung des individuellen Ich, die ihren Ausdruck in der aufgeblasenen Selbstliebe, in Narzißmus scheinbarer Selbstverwirklichung auf Kosten anderer findet. Die Rückkehr zu einem Bewußtsein des Wir, für das wir nicht nur als einzelne eine personale Verantwortung tragen, wäre ebenso wichtig wie die von Alva Myrdal kritisch beleuchtete Einsicht, daß wir entweder eine einzige Welt haben werden, in der wir als Völker auf andere Weise miteinander umgehen lernen, oder keine Welt mehr haben werden. Dieses größere Wir ist uns verkündet seit zweitausend Jahren. Es hat Parallelen in anderen Weltreligionen, die alle um die Neigung zum Bösen und den Willen zum Guten im Menschen wissen. Dennoch gibt es nur in der christlichen Religion den Gedanken der Erlösung, das Geheimnis aller Solidarität in der Stellvertretung des Gottessohnes Jesus, der solidarisch alles Leid und allen Schmerz des menschlichen Seins für uns auf sich genommen und uns die Liebe verheißen hat, in der wir geborgen sind. Diese Wirklichkeit zu erkennen fällt uns schwer, obwohl unser Leid viel geringer ist. Sind wir bereit, wie Simon das Kreuz zu tragen, um den Weg zu ermöglichen, den uns die Stellvertretung Jesu gewiesen hat?

Dem größeren Wir, das wir ersehnen, steht eine Reihe von Hindernissen entgegen, die wir nicht übersehen sollten. Sobald wir unsere zwischenmenschlichen Beziehungen genauer betrachten, wird sichtbar, daß der einzelne, sosehr er auf seiner Eigenständigkeit beharren und auf seine Urteilskraft stolz sein möchte, seine Einstellungen, sein Denken und Handeln und seine Gefühle verändert, sobald er Mitglied einer Gruppe – gleichgültig welcher Art – wird. Diese Veränderung und verringerte Möglichkeit der Durchsetzungsfähigkeit verstärkt sich mit der Anzahl der Menschen, die einer Gruppe angehören, bis schließlich in der unbestimmten Menge die Möglichkeit des Gehörs fast völlig erlischt und sich auf einen Punkt ausrichtet, von dem aus die Richtungen und Weisungen erhofft werden. Es gibt jedoch keine Gesellschaft oder Organisation in der ganzen Welt, die nur aus einer einzigen, amorphen Masse ohne Unterscheidungsmöglichkeiten bestünde. Vielmehr finden wir uns in unserem Zugehörigkeitsgefühl, neben der Ursprungsfamilie und der eigenen Familie, meist zu solchen Gruppen hingezogen, die in bestimmter Weise unseren Anschauungen, Einstellungen und Erfahrungen entsprechen. Aber auch dann erliegen wir leicht irrationalen Annahmen, die von den Erwartungen und geheimen Bedürfnissen der sich solidarisch erklärenden Gruppenmitglieder ausgehen. Auch hier wollen wir angenommen und bestätigt werden, so daß wir versuchen, jene Eigenschaften und Gedanken in die Gruppe zu bringen, die den Gruppennormen entsprechen. Das führt zur Unterdrückung und Verdrängung all jener Inhalte, die der jeweiligen Gruppennorm widersprechen. Diese uneingestandenen, verdrängten Inhalte werden dann leicht auf andere Gruppen projiziert und bestimmen das Fremd- oder Feindbild, bis schließlich die Solidarität der Gruppenmitglieder nur noch von dieser Projektion eigener Inhalte auf andere Gruppen bestimmt wird. Eine solche unechte Solidarität führt unweigerlich zum Zerfall der jeweiligen Gruppe, wenn die Projektion nicht zurückgenommen und als innerhalb der eigenen Gruppe gleichfalls bestehende Gegebenheit angenommen und verarbeitet werden kann.

Es ist hier nicht der Ort, über Führungsansprüche und Rivalitäten zu sprechen, die so lange eine unweigerliche Folge solidarischer Gruppen sind, als nicht erkannt wird, daß Führung eine Funktion *aller* Gruppenmitglieder ist, die, jeweils wechselnd, je nach der Situation jedem Gruppenmitglied von den anderen zugestanden wird. Einer der größten psychologischen Irrtümer war die Annahme der Existenz von »Führerpersönlichkeiten«, die es nicht gibt, da sie jeweils nur Ausdruck der delegierten Bedürfnisse der Gesamtgruppe an einen einzelnen sind, der diese Führungsrolle sofort verliert, wenn das Bedürfnis befriedigt ist und neue Inhalte und Wünsche auftauchen. Wiederum ist es ein gefährlicher Irrglaube unserer Zeitepoche, Ausschau nach dem charismatischen Führer zu halten, der uns vermeintlich von der Selbstverantwortung befreit. Der charismatische Führer kann niemals verwirklichen, was er verspricht, da er mehr von der jeweiligen Gruppe abhängt als diese von ihm. Vielmehr ist es die Gesamtgruppe oder Gesellschaft, die sich mit den Entwürfen des charismatischen Führers identifiziert und das jeweilige Gruppenideal entweder verwirklicht oder verfehlt. Wenn die meisten Politiker und Meinungsführer um diese mitmenschlichen Gruppengesetzlichkeiten wüßten, wären sie vermutlich etwas vorsichtiger und weniger arrogant im Bewußtsein, daß ihnen etwas von der Gruppe verliehen wurde, das sie nicht selbst besitzen.

Was bedeutet das für unser Problem der Solidarität? Wie gesagt: Jede Gesellschaft, Organisation oder Großgruppe unterteilt sich in eine Reihe von Untergruppen, die auf bestimmte Weise miteinander umgehen und nur durch eine ideelle Zielsetzung untereinander verbunden sind. Merkwürdigerweise behalten wir auch hier die Hierarchie der primären

Bedeutung bei, die sich im Bild der Machtpyramide ausdrückt, während in Wirklichkeit, sogar in Diktaturen, diese Hierarchie von der Basis her bestimmt wird und gleichzeitig eine horizontale Solidarisierung wirksam ist, die der vertikalen Hierarchieordnung entgegenarbeitet. Solidarität ist deshalb niemals von Dauer, solange sie von oben her bestimmt wird. Ebenso ist Solidarität in Großgruppen durch das Maß der Spannungsverhältnisse und Konkurrenz der Untergruppen bestimmt. Sie zerfällt in der Bildung gegnerischer Gruppen immer dann, wenn das ideelle Ziel der Gesamtgruppe nicht mehr mit der gegebenen Wirklichkeit übereinstimmt.

Was wäre daraus zu lernen? Jeder Versuch, Solidarität von oben her zu konstruieren, schlägt fehl, solange das Ziel nicht der Mehrheit der Gruppen an der Basis entspricht. Untergruppen können sich trotz verschiedener Zielsetzungen im Detail nur dann miteinander solidarisieren, wenn einzelne Gruppenmitglieder jeweils zu einer Austauschfunktion delegiert werden. Der in dieser Funktion für den einzelnen entstehende Loyalitätskonflikt der Zugehörigkeit zu seiner Ursprungsgruppe und der Erkenntnis und Billigung abweichender Ziele der ihm zur Verbindungsvermittlung übertragenen Gruppe bestimmt die Kontinuität der Solidarität der Gesamtgruppe.

Hier wäre nun doch ein kurzer Exkurs zur Klärung des Solidaritätsbegriffes notwendig. Im Begriff der Solidarität umschreiben wir »eine Gesellschaftsordnung, die den Menschen sowohl im Vollwert seiner Persönlichkeit als auch in seiner wesenhaft gesellschaftlichen Anlage und folgegerecht Gliedhaftigkeit im gesellschaftlichen Ganzen durchaus ernst nimmt und demgemäß eine verantwortliche Gemeinschaftsverbundenheit jedes einzelnen als Gliedes an das Ganze wie auch der Glieder untereinander, nicht minder aber eine Rückbindung des Ganzen an die Glieder lehrt. Diese Wechselbezogenheit der Gemeinhaftung (Solidarität), die die Einseitigkeiten des Individualismus und Kollektivismus ausschließt, ist der Wesenskern. Sie ist das grundlegende Rechtsverhältnis, das die unverzichtbare Subjektstellung des Menschen im gesellschaftlichen und darum insbesondere auch im wirtschaftlichen Leben gewährleistet, ohne die gesellschaftlichen Ganzheiten (Familie, Volk, Staat, in ihren Grenzen auch die freien Vergesellschaftungen) der Eigenständigkeit und des Eigenwertes zu entkleiden: Sie sind dem Gliede in vielfacher Weise seinshaft und wertmäßig übergeordnet, bestehen aber letztlich doch nur in ihren Gliedern und um deren persönlicher Vollendung (Wesenserfüllung) willen« (W. Brugger: Philosophisches Wörterbuch, Herder, Freiburg, 1947, S. 324).

Diese notwendige, kurze, philosophische Abstraktion eines ständigen schmerzlichen Bemühens sollte uns am Ende dieser Betrachtung nicht entmutigen. Aber gelegentlich bedarf es angesichts des vielfachen Geredes der vereinigten Wirrköpfe der Schärfe begrifflicher Klärung dessen, was wir im lebendigen, alltäglichen Leben so schwer begreifen: Solidarität ist nicht möglich ohne die Achtung vor der Subjektstellung des einzelnen. Sie ist jedoch genauso unmöglich, solange jeder einzelne nicht bereit ist, die personale Verantwortung für sein Handeln, Denken und Reden als Glied eines Ganzen zu übernehmen. Von dieser Verantwortung haben wir uns weit entfernt, sowohl in der Richtung eines menschenverachtenden Kollektivismus als auch in den verbleibenden Überresten eines auswuchernden Individualismus. Mitunter gibt es in anderen Sprachen treffende Kurzformeln, die für jeden verständlich sind: Der Hippiesprache entnommen, jedoch zum gesellschaftlichen Begriff geworden, ist in den USA die Formulierung »Ego trip«, was zu deutsch etwa bedeuten würde »Ich-Flug«, da trip in den USA mehr mit Fliegen als mit Eisenbahn oder Auto verbunden ist. Das beschreibt die Extreme des ichhaften Individualismus, der zum narzißtischen Selbstzweck geworden ist, fern aller Solidaritätsbereitschaft, nur auf Erhöhung des Selbstbildes bedacht. Ähnlich gibt es im Russischen die Sprachformel »Apparatschik«, die eine extreme Kollektivierung des Menschen umschreibt, wenn er zum Zweckgegenstand einer Apparatur wird, die den einzelnen in seiner subjektiven Wesenserfüllung für unbedeutend hält.

Wir befinden uns an diesem Kreuzweg zwischen den Resten des Individualismus, dessen Auswirkungen in vielerlei Symptomen wie Drogenmißbrauch, Alkoholismus, Zusammenbruch der Familiensolidarität, Umkehr der Werte und Hedonismus genauso erkennbar wird, wie im Terrorismus, Mord, Raub, Entführung und gewollter Anomie die extreme Zerstörungstendenz des Kollektivismus in seinen Zielsetzungen deutlich wird. Die christliche Welt steht vor einer Herausforderung. Wir müssen schmerzlich erkennen, daß wir selbst im Kampf mit den gottverleugnenden Gegenspielern uns oft nicht nur mit deren Methoden und Kampfweisen unbewußt identifiziert haben, sondern daß wir als Christen auch der Bequemlichkeit erlegen sind, die Gott ferner gerückt hat, während wir beschäftigt sind, Weltliches zu retten, das uns teuer erscheint, sei es Macht, Besitz, Einfluß und Ansehen der kirchlichen Institutionen der Christenheit.

Wer wüßte in dieser Lage eine Lösung? Sie könnte allenfalls bei jedem einzelnen von uns beginnen im Entschluß, das zu sagen, was er denkt, und auch zu tun, was er sagt, im vollen Angesicht des damit verbundenen Risikos und der zu erleidenden Angst. Die Angst des Gekreuzigten war größer als alles, was wir um der Zukunft solidarischer Menschlichkeit willen erleiden könnten, wenn wir an jenem Platz, an den wir gestellt sind, mit unserem gelebten Leben antworten und verantworten, wie wir die eigene und die fremde Last bereitwillig um dieser Zukunft willen zu tragen bereit sind.

Um die Begrenztheit unseres menschlichen Tuns erkennbar und spürbar zu machen, wüßte ich kein besseres Wort als ein Zitat aus Reinhold Niebuhrs »The Irony of American History«, dessen deutsche Übersetzung so lauten könnte: »Was immer auch unseres Tuns würdig wäre, kann niemals im Laufe eines einzigen Lebens erreicht werden. Deshalb errettet uns nur die Hoffnung. Was auch immer als wahr, gut und schön erscheint, wird niemals voll im aktuellen Geschichtszusammenhang verständlich. Deshalb errettet uns nur der Glaube. Was auch immer wir tun mögen, so verdienstvoll es auch sein mag, kann von niemand allein erreicht werden. Deshalb errettet uns nur die Liebe.«

Aggressionen bewältigen

Das gern verleugnete Stück Wirklichkeit ist, daß der Mensch nicht ein sanftes, liebebedürftiges Wesen ist, das sich höchstens, wenn angegriffen, auch zu verteidigen vermag, sondern daß er zu seinen Triebbegabungen auch einen mächtigen Anteil von Aggressionsneigung rechnen darf. Infolgedessen ist ihm der Nächste nicht nur möglicher Helfer und Sexualobjekt, sondern auch eine Versuchung, seine Aggression an ihm zu befriedigen, seine Arbeitskraft ohne Entschädigung auszunutzen, ihn ohne seine Einwilligung sexuell zu gebrauchen, sich in den Besitz seiner Habe zu setzen, ihn zu demütigen, ihm Schmerzen zu bereiten, zu martern und zu töten. Homo homini lupus; wer hat nach den Erfahrungen des Lebens und der Geschichte den Mut, diesen Satz zu bestreiten?« Diesem Zitat aus Sigmund Freuds Arbeit »Das Unbehagen in der Kultur« aus dem Jahre 1930 liegt die lange Geschichte des Aggressionstriebes zugrunde. Freud betont an anderer Stelle, daß das Schicksal der Menschheit davon abhängen werde, ob es gelingt, diesen Aggressionstrieb zu bewältigen. Um seine Wirkungen in der Kulturentwicklung zu verstehen, die sich in politischen Entscheidungen und Taten abzeichnen, müssen wir uns fragen, ob es sich um eine kollektive Erscheinung handelt oder ob das politische Schicksal einer Gruppe stets nur durch die jeweiligen Charaktereigenarten des einzelnen Herrschers oder »Führers« bestimmt wird. Können einzelne, aggressive Politiker tatsächlich ganze Völker in Krieg und Untergang treiben, ohne daß dies deren Willen entspräche, oder bestimmt der Aggressionstrieb in größerem Umfang das Leben aller Gesellschaften als ein Element der menschlichen Natur?

Was ist Aggressionstrieb? Ohne auf die psychologischen Forschungsergebnisse der letzten hundert Jahre hier näher eingehen zu können, müssen wir uns doch folgendes klarmachen: Der Mensch teilt mit der Tierwelt, vor allem mit den höheren Säugetieren, ein Naturprinzip, die Instinkte oder Triebe. Im Gegensatz zum Tier jedoch, das stets nur einem bestimmten, eng begrenzten angeborenen Instinktschema und dessen Auslösewirkungen folgt, kann der Mensch seine Triebe kontrollieren lernen, das heißt, er kann ihre Wirkungen wahrnehmen und mit seinem Verstand zu verarbeiten suchen. Er kann also auch seinen Aggressionstrieb mit Hilfe seiner Vernunft überwachen, einschränken, zurückstellen oder in neutrale, konstruktive Aktivitäten umwandeln. Der Aggressionstrieb selbst ist nicht etwa »böse«, sondern er dient der Selbsterhaltung und den Überlebenschancen des Individuums. Adgredi heißt im Lateinischen ursprünglich herangehen, genau wie angreifen in unserer Sprache auch zugleich anfassen, anpacken, etwas in konstruktiver Absicht in Angriff nehmen bedeuten kann. Zu unterscheiden von Aggression wäre also Aggressivität, unter der gespannte Angriffsbereitschaft und Angriffslust mit einer deutlich zerstörenden Zielsetzung verstanden wird.

Wir würden jedoch den Aggressionstrieb in seinen kulturellen und politischen Auswirkungen nicht verstehen können, wenn wir seinen Gegenpol, den Sexualtrieb, dabei außer acht ließen. Unter Sexualität verstehen wir die Liebesfähigkeit des Menschen im weitesten Sinne, vor allem aber seine Möglichkeit zu schöpferischen Leistungen. Es bedarf kaum einer Erklärung, daß der Sexualtrieb in diesem Sinne nicht nur als Fortpflanzungstrieb die Art erhält, sondern in seinen Verzweigungen, Umwandlungen und den Möglichkeiten, Gefährdetes zu schützen, zu erhalten oder zu fördern, auch der stärkste Widersacher aller zerstörerischen Tendenzen des Aggressionstriebes ist. Aggressionstrieb und Sexualtrieb stehen also zueinander im Gegensatz. Machen wir uns dies an einigen entscheidenden Schritten der Menschheitsgeschichte klar:

Der Urmensch kannte, ähnlich wie das Tier, nur die direkte Triebreaktion. Auf jede Gefahr, vermeintliche Bedrohung oder Einschränkung seiner Triebbefriedigung reagierte er mit Angst, Wut und heftiger Aggression. Sein Ziel war es dabei, jedes Hindernis aus dem Wege zu räumen, das seinen Triebwünschen im Wege stand, gleichgültig, ob Mensch oder Gegenstand. Seine Überlebenschancen waren dadurch sehr gering, denn zum Beispiel der Streit zweier männlicher Rivalen um ein weibliches Wesen endete mit dem Tod des einen oder beider. Ein erster Schritt zur Kultivierung war deshalb die sehr frühe Unterdrückung von primitiver Liebe und primitivem Haß innerhalb der eigenen Gruppe zugunsten der Lebenserhaltung. Auf die spontane zerstörerische Wirkung des Aggressionstriebes wurde also verzichtet, sie blieb dem Kampf gegen die Außenwelt, gegen Fremde, Feinde und Eindringlinge aus anderen Gruppen und der Bewältigung der Naturkräfte vorbehalten.

Ein weiterer entscheidender Schritt zur Zivilisation war die Kanalisierung und Lenkung des Aggressionstriebes zu bestimmten Zwecken auf fest umrissene Aufgaben, zum Beispiel durch Arbeit. Die Vorgeschichte und die Antike zeigen deutlich, welche Leistungen durch die Verwandlung von Aggression in zielgerichtete Aktivität erreicht wurden. Ein bestimmter Anteil Zerstörungswille, zum Beispiel Bäume fällen, Steine zerschlagen oder zur Ernährung Tiere jagen und töten, blieb notwendigerweise im Aggressionstrieb erhalten, aber das Triebziel diente dem Aufbau, der Erhaltung, kurz dem Schutz der sexuellen Fortpflanzung innerhalb der jeweiligen Kulturgruppe. Der Aggressionstrieb wurde also schon sehr früh durch seine Mischung mit sexuellen Strebungen gemildert und abgeschwächt – er wurde menschlicher.

Aber nicht alle sexuellen Regulationen wurden eingehalten. Ein Teil des Aggressionstriebes mußte also gegen jene gerichtet werden, die sich über gültige Vereinbarungen der Gruppe hinwegsetzen wollten. Der Aggressionstrieb bekommt damit eine doppelte Richtung: Einmal muß er nach innen gewendet im einzelnen selbst alle Regungen und Wünsche unterdrükken, die nicht mit den Gesetzen und Regulationen der Gruppe übereinstimmen, um einer Verurteilung und Bedrohung vorzubeugen. Ein Teil der Regeln, als Ausdruck der aggressiven Abwehrbereitschaft der Gruppe, muß also vom einzelnen stets verinnerlicht werden. Dies ist eine der entscheidenden Leistungen der Kultur, obgleich sie bis heute jedem Menschen schwerfällt. Zum zweiten dient der Aggressionstrieb nach außen gerichtet zur Überwachung der Einhaltung von Regeln innerhalb der Gruppe und zur Verteidigung gegen Feinde, Angriffe und Bedrohungen durch andere Gruppen.

Ein weiterer Schritt zur Milderung des Aggressionstriebes bestand darin, den Gegner aggressiver Auseinandersetzungen am Ende eines Kampfes oder Krieges nicht mehr zu töten, sondern ihn als Sklaven und Arbeitskraft für eigene Zwecke nutzbar zu machen, das heißt seinen Aggressionstrieb als Aktivität in den Dienst des Siegers zu stellen. Die uns heute unmenschlich erscheinende Sklaverei war also eine weitgehende Zurücknahme der zerstörenden Aggressivität aus ökonomischen Gründen. An die Stelle von Töten und Destruktion tritt ein konstruktiver Zweck.

Die weitere Kulturentwicklung zeigt deutlich, wie die Sklavenhaltung zunehmend als unmenschlich verurteilt und aufgegeben wird. Das ist in manchen Ländern aber noch kaum hundert Jahre her, und in anderen besteht sie bis heute.

Die technisch-ökonomische Entwicklung, das heißt die schöpferische Umwandlung des Aggressionstriebes, macht die Sklavenhaltung schließlich überflüssig. Sie wird aufgegeben, weil mit der höheren Intelligenzentwicklung der Aggressionstrieb neutralere und erfolgreichere Möglichkeiten findet, vor allem durch die Konstruktion von Maschinen und die Rationalisierung technischer Prozesse.

Am Ende dieser Entwicklung müssen wir uns fragen: Sind wir nun weiter gekommen als unsere Urvorfahren? Läßt sich der Aggressionstrieb besser kontrollieren, oder sind nur seine Mittel verändert und so verbessert, daß die destruktive Wirkung viel größer, das Ziel jedoch gleich geblieben ist? Wir können heute Millionen Menschen mit einigen Atombomben töten, wir können ganze Völker systematisch ausrotten, verhungern lassen, vergasen. Wir haben es getan und tun es noch. Das ist überraschend und erschreckend, wenn wir die lange Zeitdauer der Kulturentwicklung und die erreichten Kulturleistungen damit vergleichen, in denen sich das Wachstum unserer technischen Intelligenz widerspiegelt. Wir verwenden jedoch die gleiche Intelligenz heute, um Zerstörungen von ungeheuren Ausmaßen zu planen. Wir sind zum ersten Mal tatsächlich in der Lage, die gesamte Menschheit, uns selbst also, vollständig auszurotten.

Angesichts dieser Tatsachen müssen wir uns fragen, ob es eine Lücke zwischen unserer Intelligenz und der Wahrnehmung und Kontrolle unseres Aggressionstriebes gibt, die wir bis heute in der Kulturentwicklung übersehen haben. Die Versicherung, daß niemand dieses geplante Ausmaß der Zerstörung will und alle mit diesen Mitteln nur auf deren Verhinderung und Vorbeugung bedacht sind, macht uns stutzig. Wie kann man durch Tötung und Zerstörung zu einem friedlichen Ziel gelangen? Der einzelne Politiker, die Regierungen der Länder, ihre Diplomaten und Parlamentarier verhandeln freundlich und sachlich miteinander; aber sie demonstrieren dabei gleichzeitig ihr aggressives Potential, mit dem sie sich gegenseitig bedrohen.

Das hat sehr viel Ähnlichkeit mit dem Aggressionsverhalten unserer Urvorfahren, die sich gegenseitig mit erhobenen Keulen und Steinen laut schreiend gegenüberstanden in der Hoffnung, dieses Geschrei werde den einen oder den anderen zur Umkehr bewegen. Bei den Neandertalern blieben dabei vielleicht fünfzig bis hundert menschliche Wesen auf dem Kampfplatz, in der Antike waren es schon viele Hunderte, im Mittelalter Tausende, in der Neuzeit Hunderttausende, und in den modernen Weltkriegen waren es schließlich Millionen, viele davon weitab vom eigentlichen Kampfplatz oder in Lagern und Gefängnissen. Sie alle wurden getötet zur Befriedigung des Macht- und Aggressionstriebes anderer. Die Ausrottungstendenz hat also viel größeren Umfang angenommen, während gleichzeitig die Sicherung und Pflege der Nachkommenschaft durch die Erkenntnisse der Naturwissenschaften mit ständig wachsenden Geburtsziffern die Weltbevölkerung verdoppelt und vervielfacht. Während wir die Fortpflanzungsmöglichkeiten fördern, sorgen wir also stets für eine gleichzeitige Verminderung durch erfolgreiche Tötungsplanungen. Gibt es hier einen noch unbekannten Zusammenhang, um die Anzahl der Lebenden ständig zu vermindern, aus Angst, es wäre zu wenig Platz vorhanden? Fehlt uns irgendein Wahrnehmungsorgan, oder ist das alles eine unvermeidliche Naturnotwendigkeit, wie etwa Ratten sich gegenseitig umbringen, wenn man sie zu sehr einengt?

Die Antwort ist einfacher: Nur die hochzivilisierten technischen Gesellschaften verfügen über ein weltweites technisches Aggressionspotential zur gegenseitigen Vernichtung und der Tötung aller anderen. Es muß also eine Lücke geben zwischen den wissenschaftlich-technischen Erkenntnissen und der moralisch-sozialen Verantwortung für diesen auf technische Weise verhüllten Aggressionstrieb. Wir werden als Zeitgenossen dieser entscheidenden Wende in der Entwicklung der Menschheit Zeugen der Wirkungsweise primitiver Stammhirn-Impulse in hochintelligenten Menschen. Was Arthur Koestler mit Recht »die alte paranoide Strähne«, das heißt einen primitiven Verfolgungswahn nennt, ist gekennzeichnet durch die Diskrepanz zwischen den Denkmöglichkeiten der entwicklungsgeschichtlich jüngeren Hirnrinde und den Impulsen des historisch älteren, primitiven Stammhirns. Offensichtlich gibt es noch keine ausreichend funktionierenden und kontrollierten Bahnen zwischen diesen beiden Hirnteilen; denn es sind hochintelligente Politiker, Generale, Physiker, Mathematiker, Biologen, Diplomaten, Nationalökonomen und Juristen, die es gewiß als persönliche Beleidigung weit von sich weisen würden, wenn man sie der Planung von Verbrechen und Mord bezichtigte. Alle würden ihre Planungen und Handlungen als eine unabweisbare Notwendigkeit bezeichnen, die nur durch das uneinsichtige Verhalten des Gegners bestimmt wird. Ob in den USA, in der Sowjetunion, in China, in den arabischen und israelischen politischen Zentren, in Bonn oder in Ost-Berlin – die psychologische Grundidee ist stets gleich: Die Uneinsichtigkeit und Bösartigkeit des politischen Gegners, seine unberechenbare Aggressivität zwingt jeweils den anderen, aggressiv-destruktive Pläne zu entwerfen und vorzubereiten, um sich ausreichend verteidigen zu können. Jeder erklärt, daß er diese Aggression aber im Grunde nicht wolle, vom anderen jedoch dazu veranlaßt werde.

Das wirksamste politische Element dieser geschichtlichen Epoche ist demnach die Erzeugung von Angst vor der Unberechenbarkeit und Uneinsichtigkeit des jeweiligen ideologischen oder politischen Widersachers. Das ist nur in den Dimensionen verschoben und im ganzen anonymer geworden. Der Mythos der Maschine, dem wir anhängen, ermöglicht dem einzelnen eine Entlastung von seinen persönlichen moralischen Konflikten, wenn er sich als Funktionsteil in diese Maschine einfügt und sich passiv anpaßt. Er fühlt sich dann frei von Verantwortung, weil die Politiker – »die da oben« – über sein Wohl und Wehe, über Krieg und Frieden und über seine Zukunft bestimmen. Die Politiker wiederum fühlen sich abhängig von ihren Bundesgenossen und Gegnern, sie berufen sich aber stets auf ihre Völker, deren Angst sie vertreten. Jeder einzelne bekundet dabei seine Friedensliebe. Diese scheint jedoch außerordentlich aggressionsbereit zu sein.

Der Einbruch und Eingiff des Staates in das Privatleben des einzelnen, die Trennung der Familien, die Zerstörung von Liebesbeziehungen durch den für die Verteidigung als notwendig erachteten militärischen Kult und Kriegsdienst, die systematische Anleitung zum aggressiven Töten und Vernichten im Waffentraining und im Kriege wird nicht mehr als eine einseitige Bevorzugung der Befriedigung von aggressiven Wünschen erkannt und gewertet. Wie groß muß aber das in diesem Maschinenmythos aufgestaute Potential des Aggressionstriebes sein, wenn es so aus der Kontrolle geraten kann, daß es die ganze Menschheit ständig bedroht?

Als absurdestes Paradoxon bemühen sich gleichzeitig andere Gruppen derselben Völker, über eine allgemeine Abrüstung und eine Zurücknahme der aggressiven Planungen zu verhandeln. Wir werden zu Opfern einer mechanisch präzise arbeitenden Maschinerie, von der dieselbe Energie gleichzeitig zum Antrieb *und* zum Bremsen verwendet wird, während dabei immer mehr Energie bis an die Grenze der Explosion aufgestaut wird. Es ist der mangelhaft gezähmte und von der Kultur vernachlässigte primitive Aggressionstrieb der Urzeit, der diese Maschine erfand. Dabei scheint ein untergründiges Gefühl befriedigender Angstlust auf verborgene Weise unser Handeln zu bestimmen, so als seien mit den Phantasien über mögliche Zerstörung und Chaos auch angenehme, sexuell sadistische Sensationen verbunden. Sie enthalten die irrationale Hoffnung auf noch unbestimmbare Änderungen. Jede Wandlung des bestehenden Zustandes scheint dabei mehr Triebbefriedigung und weniger Frustration zu verheißen. Haben wir das Bedürfnis nach Chaos und Zerstörung, weil dies mit dem Niedergang aller Ordnungen mehr primitiv aggressive und sexuelle Befriedigung für den einzelnen verspricht?

Es sind drei Hauptprobleme, die von den Grundtrieben her durch die mögliche gegenseitige Stellvertretung und Vermischung von Sexualität und Aggression die Politik in viel größerem Ausmaß bestimmen, als dies unser Bewußtsein wahrzunehmen bereit ist:

1. Jede Aggressionsphantasie – gleichgültig, ob in der inneren oder äußeren, der großen oder der kleinen Politik – zielt auf eine gewaltsame Veränderung des Bestehenden ab. Ihre Ursache ist die unbewußte Angst und Ohnmacht, das Gleichgewicht der eigenen Triebkräfte nicht mehr kontrollieren zu können. Dies würde eigene innere Veränderungen fordern, die vom einzelnen genauso gescheut werden wie von den Gruppen und Völkern. Diese Angst wird durch die Projektion der eigenen, verdrängten oder verleugneten Aggression, das heißt durch die Verdächtigung der anderen so weit abgewehrt, daß eigenes aggressives Verhalten und Planen moralisch weitgehend gerechtfertigt erscheint. Würden diese Erscheinungen das Leben eines einzelnen überwiegend bestimmen, so ergäbe sich als Diagnose die Bezeichnung paranoide Psychose, das heißt die Ausbildung eines Verfolgungswahnsystems. Das Mittel der zeitgenössischen Politik zur Kontrolle und gleichzeitigen Befriedigung von destruktiven Aggressionswünschen ist die Erzeugung kollektiver paranoider Psychosen. Der unaufhaltsam schneller sich entwickelnde Teufelskreis, der Billionen unseres materiellen Besitzes verschlingt, wird an einem einzigen System ersichtlich. Auf Raketen folgen Raketen-Abwehrraketen, dann Antiraketenabwehrraketen, denen in der nächsten Phase mit Sicherheit die Konstruktion von im Weltraum stationierten Abwehrraketen gegen Antiraketenabwehrraketen folgen wird. Ein vollkommenes Spielzeug eines aggressiven Verstandes ohne Vernunft. Dies ist der Ausdruck einer epochalen Wahnbildung, unterhalten aus der Quelle eines nicht mehr kontrollierbaren Aggressionstriebes.

2. Die zivilisatorische Sozialisation der technischen Kulturen macht das Einzelindividuum austauschbar und entfremdet es seiner Selbstwahrnehmung durch die systematische Schwächung seiner Ich-Funktionen. Dieses Ergebnis behindert und zerstört seine Liebesfähigkeit, versklavt aber zugleich seine Sexualität an den Aggressionstrieb. Sexualität wird austauschbar gegen Aggression, die mehr Befriedigung verheißt. Die Verfremdung der Sexualität in »Sex« als aggressives Prestige macht die Aggressivität manipulierbar. Sexualität als schöpferische Kraft wird unterdrückt und dem Ich entfremdet. Die Verminderung der Befriedigungsmöglichkeiten mitmenschlicher Nähe, das anonyme Nummernschicksal und die Ausliefe-

rung des einzelnen an bürokratische Institutionen vermehren das Ausmaß an Frustration, woraus erhöhte Aggressionsbereitschaft entsteht. Diese individuelle, latente Aggressionsbereitschaft bestimmt dann das Bedürfnis von Gesamtgruppen nach möglichen symbolischen Befriedigungen des Aggressionstriebes. Voraussetzung ist die systematische Dehumanisierung, die Entmenschlichung der als Aggressionsziel ausersehenen Gruppen. Sie werden zu Gegenständen, die wie belanglose materielle Objekte zerstört werden können. Der ausführende Funktionär kennt keine moralischen Konflikte mehr.

3. Das Realitätsbewußtsein des einzelnen wird in dem Ausmaß der geforderten Anpassung und Übereinstimmung mit seiner jeweiligen Bezugsgruppe manipulierbar. Je größer die soziale Abhängigkeit, Bestimmbarkeit, Fügsamkeit und Konformität werden, desto unkontrollierbarer wird zugleich die latente Aggressionsbereitschaft. Sie steht dann wenigen Machthabern als »objektives« Instrument, das heißt frei von allen menschlichen Bedenken, zur Verfügung. Sie läßt sich ferner zur Vermeidung von politischen, ökonomischen oder sozialen Störungen und Veränderungsprozessen innerhalb der jeweiligen Gesellschaft nach außen ablenken.

Diese Manipulation der Projektion auf andere Gruppen und Gesellschaften ermöglicht eine weitgehende Verfügbarkeit über ein gleichsam gebündeltes Aggressionspotential. Die künstlich erzeugte Voraussetzung ist eine rauschartige Wahnvorstellung ideologischer, ethnozentrischer oder nationaler Pseudo-Einigkeit: die kollektive paranoide Psychose. In diesem Prozeß wird die Angst des einzelnen vor dem eigenen Aggressionstrieb und vor einem moralischen Versagen der inneren Bewußtseinskontrolle durch eine völlige Entstellung der Wirklichkeit aufgefangen. Die Gewissensfunktion wird durch die Verkehrung von gut und böse korrumpiert, und die latent stets vorhandene primitive Bereitschaft zur destruktiven Ausweitung des Aggressionstriebes wird bis zur Tötungslust gesteigert und legalisiert. Der Abwurf von Bomben und die Tötung von Hunderttausenden oder Millionen von Menschen erscheint als qualifizierte moralische Leistung und notwendige Funktion, die im Auftrag der Ideale der eigenen Gruppe mit Stolz erfüllt wird. Die Lücke der Realitätswahrnehmung im eigenen Bewußtsein ist nicht mehr erkennbar. Der einzelne erlebt allenfalls ein dumpfes Gefühl der Ohnmacht und Angst, das sich dann wiederum zur Verstärkung und Manipulation des Aggressionstriebes für wahnhafte, kollektive Zwecke nutzen läßt.

Dies sind die psychologischen Grundkonzepte der meisten technisch-zivilisierten Hochkulturen – ohne Rücksicht auf ihre weltanschaulichen oder politischen Unterschiede. Die Ideologien dienen dabei lediglich der Rationalisierung primitiv destruktiver Aggressionsbedürfnisse. Es handelt sich um eine Regression, das heißt um eine unbewußt rückschrittliche Tendenz zum Agieren moralischer Konflikte auf einer psychologisch und entwicklungsgeschichtlich primitiveren Ebene mit den Mitteln einer technisch höher entwickelten, formalen Intelligenz. Die seelische Entwicklung ist weit hinter der technischen Funktions- und Kombinations-Intelligenz zurückgeblieben.

Der Protest der Folgegenerationen in fast allen politischen Systemen – als Verstoß geahndet und aggressiv zur Erhaltung von Gesetz und Ordnung im Sinne des unmenschlichen, paranoiden Institutionsdenkens bekämpft – ist lediglich der bislang nur mangelhaft artikulierte Ausdruck für die Ratlosigkeit und Ohnmacht der jeweiligen Gesamtgruppen gegenüber der Diskrepanz zwischen Aggressionstrieb und Vernunft. Abgespalten vom Sexualtrieb erfährt der Aggressionstrieb keine Milderung und konstruktive Kultivierung mehr. Die allgemeine Verstärkung von Gewalt- und Zerstörungstendenzen offenbart die Triebentmischung und die Isolation von Sexualität und Aggression.

Der Durchschnittspolitiker weiß heute meist genausowenig von sich selbst und seinen tatsächlichen Motiven wie der Durchschnittswähler oder -untertan, den er repräsentiert. Er bemerkt selbst meist nicht, daß er lediglich Ausdruckssymbol der unbewußten und unterdrückten Tendenzen der jeweiligen Gesamtgruppe wird, die er auf unreflektierte Weise agiert. Nicht seine vordergründigen, rationalen Motive bestimmen die politischen Handlungen, sondern die weitgehend unbewußten, irrationalen Bedürfnisse der Gesamtgruppe, nach denen sich der Politiker richtet, um seine eigene Position zu halten. Anpassung wird so zum Verhängnis; denn er müßte bewußt den irrationalen Aggressionsbedürfnissen entgegenarbeiten, sie aufdecken und sie bewußt machen, um die kollektive Wahnidee der unabwendbaren Tötungsnotwendigkeit zugunsten der Wirklichkeit zu korrigieren.

In zahlreichen neuen, bislang als soziale Anomalie betrachteten Ausdrucksformen spiegelt sich ein deutliches Bedürfnis der Folgegenerationen nach besserer Integration und Verschmelzung der Haupttriebe Sexualität und Aggression zugunsten konstruktiver Zielsetzungen. Die dadurch erreichbare größere persönliche Unabhängigkeit des einzelnen wird jedoch in vielen Ländern durch die von paranoiden Vorstellungen beherrschten Lenkungsgruppen bekämpft, um das bislang verfügbare Aggressionspotential zur Erhaltung des eigenen Prestiges und der Macht nicht zu verlieren. Das erhöht die kollektive Aggressionsgefahr und das Bedürfnis zur Vervollkommnung immer wirksamerer Vernichtungsmittel.

Die technische Intelligenz und die kultivierte Zähmung des Aggressionstriebes würden den Menschen zu hervorragenden Leistungen befähigen, die es ihm durchaus ermöglichen, Nahrung, Fortpflanzung und Zusammenleben unter die Kontrolle einer sinnvollen Vernunft zu stellen. Er könnte die Tötungsabsicht aufgeben, wenn er die für kollektive Vernichtungsplanungen verschwendeten Energien und Materialien zur Erhaltung, Förderung und Weiterentwicklung seiner Art verwenden würde. Die Geschichte des menschlichen Aggressionstriebes umfaßt jedoch Jahr-Millionen. Zweitausend Jahre mißverstandenen und erfolglosen Christentums stellen deshalb nur einen begrenzten Versuch dar, den Aggressionstrieb zu bewältigen. Besinnung und eine Verwandlung des Aggressionstriebes in neutrale, konstruktive Aktivität sind unsere einzige Überlebenschance. Diese Moral haben wir noch nicht gefunden.

Der Wandel zu neuen Entscheidungen, die der Wirklichkeit entsprechen, zur bewußten Einschränkung und Kontrolle der Geburtenzahl, zum völligen Aufgeben und zu einer Ächtung destruktiver Planungen und Wahnideen zugunsten konstruktiver Entschlüsse, zur Aufdeckung der paranoiden Wahnvorstellungen und gegenseitigen Projektionen wird jedoch merkwürdigerweise gefürchtet. Wahrscheinlich, weil dies das Ende und den Untergang traditionsreicher Institutionen und gewohnter Denksysteme bedeuten würde, mit deren Hilfe bislang wenigstens teilweise eine Triebregulation im Interesse der Kultur erreicht wurde. Viele dieser Institutionen haben jedoch durch ihre Überalterung und durch achtlose Aggressivität das Gegenteil der ursprünglichen Absicht bewirkt, weil sie nicht rechtzeitig revidiert wurden.

Politik bleibt stets ein Ausdruck für das Problembewußtsein der jeweiligen Gesamtgruppe. Sie ändert sich erst, wenn der größere Teil einer Gesellschaft den triebbedingten, unbewußten Anteil politischer Planungen und Entdeckungen wahrnimmt, um ihn mit neuen Mitteln einer bewußten Kontrolle zu unterstellen. Davon sind wir weit entfernt. Diese Kontrollbereitschaft wird über das Ausmaß der Zerstörung entscheiden, dessen wir uns schuldig machen oder das wir verhindern. Die Zukunft wird erweisen, ob die konstruktiven Kräfte der Sexualität stärker sind als die destruktiven Gefahren unseres Aggressionstriebes, vor allem, ob wir Menschen geworden sind oder unverändert dem Triebzwang unterliegen, der uns mit den Säugetieren und ihrer unterentwickelten Hirnrinde verbindet. Alle Anstrengungen, die notwendig wären, um wirklich menschliche Qualifikationen in der Politik zu erreichen, scheinen bislang außerhalb unserer Vorstellungen über Moral zu liegen.

Mit Technik leben

In welchem Umfang unsere Erlebnisweise durch die rein äußeren Bedingungen des technischen Fortschrittes verändert wurde, wird uns an der Tatsache bewußt, daß es vor hundert Jahren kaum Eisenbahnen, keine Flugzeuge, kein Fernsehen und keine Elektrizität gab – um nur einige Faktoren zu nennen, die unseren heutigen Alltag weitgehend mitbestimmen. Es mag uns einleuchten, daß ein Kind eine andere individuelle Entwicklung erlebt, wenn es nur mit Talglicht und Herdfeuer sowie Pferdewagen und Schiffen als Transportmittel aufwächst, als unsere Kinder heute. Ein einziger Knopfdruck ermöglicht dem zeitgenössischen Kleinkind die Schöpferphantasie: Es werde Licht! Einfühlbar und beobachtungsfähig für uns selbst sind auch jene Veränderungen, die in den seelischen Verhaltensweisen des Menschen in jenem Augenblick eintreten, wenn er hinter dem Steuerrad eines Autos von zuvor nie erlebten Machtbedürfnissen in Versuchung geführt wird. Schwerer dagegen ist uns verständlich und nachvollziebar, was in einem Menschen vorgehen mag, der ein Raumschiff verläßt, um lange Zeit frei im Weltall zu schweben. Diese uns allen sichtbar gewordene Gegenwartsleistung stellt uns jedoch direkt vor die schwer zu beantwortende Frage: Welche Veränderungen gehen in unserem seelischen Erleben vor sich, und wieviel bemerken wir davon tatsächlich?

Raumfahrt und Kernphysik sind leicht erkennbare Einschnitte in unser Selbstverständnis. Sie sind jedoch begleitet von vielen anderen, weniger deutlichen Wandlungssignalen, die das Gefühl unserer Identität mit uns selbst vor ständig neue Anpassungsforderungen stellen. Die Durchschnittslebenserwartung betrug vor hundert Jahren etwa 35 bis 40 Jahre. Heute erreicht sie die Höhe von 70 bis 75 Jahren. Die Ergebnisse biochemischer, physiologischer und medizinischer Forschungen machen es wahrscheinlich, daß diese Durchschnittslebenserwartung schon für die heute Geborenen auf 90 bis 100 Jahre ansteigt. Unser Verhältnis zu Krankheit und Tod hat sich grundlegend gewandelt. Während die oberflächlichere Einstellung sich in der Meinung dokumentiert, es sei nur eine Frage der Zeit und der Intensität der wissenschaftlichen Forschung, wann Krankheit und Tod weitgehend beeinflußbar, steuerbar und vielleicht sogar aufhebbar werden, scheint gleichzeitig die seelische Angstbereitschaft der Menschen zu wachsen.

Angst jedoch ist ein Signal seelischer Entwicklung, das stets dann auftritt, wenn die Notwendigkeit der Wahrnehmung, Aufnahme und Verarbeitung neuer Tatsachen Identitätskonflikte auslöst. Das ursprüngliche Selbstverständnis des Menschen, seine Vorstellung, mit sich selbst und anderen im Einklang zu leben, läßt ein Identitätsbewußtsein entstehen, das jeweils das historische Bewußtsein, Erinnerungen und Erfahrungen des Gewordenseins, mit dem aktuellen Bewußtsein eines bestimmten Hier und Jetzt der inneren oder äußeren Situation verbindet. Diese Identität wird weitgehend durch die Einsicht in die Gegebenheiten der Wirklichkeit und die persönliche Verantwortung des Ich diesen gegenüber bestimmt. Die Identität hat für jeden einzelnen Grenzen, die sich durch die Möglichkeiten und Unmöglichkeiten des jeweils Angestrebten bestimmen. Schon das Kind sucht angesichts der zu ordnenden Weltfülle seiner Wahrnehmungen und Wünsche nach erkennbaren und feststehenden Begrenzungen. Unbestimmte Entgrenzung vermittelt zwar zunächst das Glücksgefühl phantastischer Allmacht, je weniger sich jedoch Grenzen erkennen lassen, desto mehr treten die Gefühle der Angst und Verlorenheit in den Vordergrund. Die Begrenzung der unendlichen Möglichkeiten erweist sich damit als abhängig von seelischen Vorgängen, die nicht in einem direkten Zusammenhang mit den äußeren Gegebenheiten stehen müssen. Zu diesem durch die Jahrhunderte hindurch gleichbleibenden psychologischen Entwicklungsmodell des Kindes gibt es in der Anpassungssituation des Erwachsenen auffallende Parallelen, sobald Neues aufgenommen werden muß, das eine Veränderung der eigenen, bislang vertrauten Identität erfordert. Dies tritt bei jedem Lernprozeß ein.

Nun hat die Epoche der letzten fünfzig Jahre nicht nur umwälzende technisch-naturwissenschaftliche Einsichten hervorgebracht, die es uns ermöglichen, die Naturkräfte in einem nie zuvor gekannten Ausmaß zu kontrollieren, vorauszuberechnen und in voraussehbare Bahnen zu zwingen, um die auf diesem Wege gewonnenen Energien zu nutzen. Zur gleichen Zeit wurden auch neue Erkenntnisse über die Natur des Menschen möglich, die es gestatten, nicht nur in die Funktionsabläufe und Stoffwechselvorgänge des Organismus einzugreifen, sondern dabei auch die seelischen Erlebnisweisen des Menschen so weitgehend zu verändern, daß er sich selbst subjektiv entfremdet erscheinen kann. Mit Drogen und Medikamenten ist es grundsätzlich möglich, Menschen in einen Zustand zu versetzen, den sie als nicht identisch mit sich selbst, also psychotisch erleben. Diese Beeinflußbarkeit der Seele auf körperlichem Wege, die auch durch Autotoxine, das heißt durch Selbstvergiftungsvorgänge des Stoffwechsels eintreten kann, hat uns aber zugleich darüber belehrt, daß unter dem Druck rein seelischer Erlebnisse bei bestimmten Bedingungen umgekehrt auch körperliche Veränderungen eintreten können. Hierbei erfolgt außer der rein psychologischen, also seelischen Einwirkung keinerlei Einfluß auf die körperlichen Faktoren. Das zwingt uns zu der Einsicht, daß es eine scharf trennbare Grenze zwischen Körper und Seele nicht gibt. Vielmehr sind beide Begriffe, soweit sie die Funktionen betreffen, lediglich Hilfsmittel zur Beschreibung von Phänomenen, die in Wirklichkeit untrennbar miteinander verbunden sind. Obgleich diese Erkenntnis aus der Beobachtung lange zuvor sich immer wieder dargestellt findet, hat erst die Psychoanalyse einen Zugang und damit eine Systematisierung seelischer Erscheinungen ermöglicht. Alle Tiefenpsychologie im weiteren Sinne gründet sich in der zeitlichen Folge auf die für das abendländische Denken revolutionäre Entdeckung des Unbewußten durch Sigmund Freud. Eine auf diesem Wege erkannte andere Dimension der Seele, deren Umfang und Wirkungen bei weitem noch nicht voll erfaßbar sind, hat uns jedoch die Einsicht vermittelt, daß wir der inneren Natur des Menschen keineswegs in dem Ausmaß Herr geworden sind, wie wir dies in der technischen Zivilisation den äußeren Naturgewalten gegenüber erreichten. Vielmehr erweist sich der Mensch gerade in dieser inneren Triebnatur des Seelischen der Verantwortung nicht gewachsen, vor die ihn die Erfindung technischer Möglichkeiten stellt. Es besteht eine deutliche Lücke zwischen unserer Wahrnehmung und unserer Intelligenz, die sich als moralisches Defizit erweist.

Nehmen wir als anschauliches Beispiel die Motorisierung. Niemand wird bestreiten, daß der sinnvolle Gebrauch eines motorisierten Fahrzeugs einen Lern- und Übungsprozeß erfordert, der individuell sehr verschieden ablaufen kann. Jedermann ist von der Wahrnehmung her einsichtig für die nüchterne Tatsache, daß ein Fahrzeug nach der physikalischen Formel »Masse mal Beschleunigung« auf ein unvorhergesehenes Hindernis aufprallen kann. Auch die Intelligenz reicht soweit, daß mit der Unvermeidlichkeit des Auftauchens anderer Verkehrsteilnehmer ständig gerechnet wird. Dennoch zeigt sich bereits hier eine Lücke, die weitgehend vom seelischen Erleben bestimmt wird. Die Teilnahme am Straßenverkehr ist ein sozialer Vorgang, der Einschränkungen der eigenen Freiheitsmöglichkeiten mit sich bringt. Der einsame Wanderer zu Fuß wird in Wald und Flur weder mit Bäumen noch mit Menschen zusammenstoßen. In die enge Bahn einer überfüllten Straße gezwungen, vermindert sich diese Freiheit des motorisierten Verkehrsteilnehmers in vorausberechenbare Weise. Die seelische Reaktion auf diese Realität jedoch scheint sehr verschieden zu sein. Teilnahme am motorisierten Verkehr wird dann zur Möglichkeit, neben sinnvoller Fortbewegung zu einem realen Ziel zugleich als Zusatzbefriedigung Machtkämpfe auszutragen, in denen sich soziale Rangunterschiede, Ressentiments und charakterspezifische Bedürfnisse erkennbar abbilden. Länder, deren Bevölkerungen wesentlich längere Zeit mit diesem technischen Mittel vertraut sind, zeigen uns die möglichen Anpassungen und Veränderungen, die auf der seelischen Ebene liegen. Bei aller Notwendigkeit, die technischen Bedingungen zu vervollkommnen, erweist sich dennoch als letzte Instanz für soziale Sicherheit ein seelischer Vorgang: nämlich Einsicht und Verantwortung. Beide stehen gegen triebhafte Bedürfnisse der aktiven oder passiven Aggressionslust des einzelnen, die in dieser menschlichen, sozialen Situation genauso mobilisiert wird wie in anderen Augenblicken. Zum Kennzeichen des technischen Elementes, das in sich durchaus neutral ist, wird die Omnipotenz, die Entgrenzung durch die Möglichkeit hoher Geschwindigkeiten bei der Fortbewegung von einem Ort zum anderen. Diese Entgrenzung jedoch bedeutet Lust und Angst zugleich, das heißt, das Maß der gewählten Geschwindigkeit bestimmt sich aus den realen Möglichkeiten, den Vorgang vom Bewußtsein aus voll zu kontrollieren. Das ist individuell sehr verschieden. Die entscheidende Determinante ist jedoch nicht technischer Art, sondern sie wird durch die Realitätskontrolle, durch die Einsicht und Verantwortung gegenüber eigenen irrationalen Triebbedürfnissen bestimmt, die durch das technische Mittel ausgelöst werden.

Von diesem alltäglich zu beobachtenden Beispiel aus wird sofort deutlich, in wieviel größerem Ausmaß eine Einstellungs- und Haltungsänderung gegenüber viel gefährlicheren Machtmitteln erforderlich wäre, die es dem Menschen erlauben, ganze Erdteile und sich selbst auszurotten. Während jedoch der Verkehrsteilnehmer täglich durch die Realität über die Möglichkeiten und Wahrscheinlichkeiten seiner Selbsttäuschung unter Umständen auf schmerzhafte Weise belehrt wird, fehlt diese Möglichkeit für die umfangreicheren Machtmittel und Wirkungen der Atombomben. Der Entgrenzung des Menschen durch technisch nie zuvor verfügbar gewordene Kräfte steht die Notwendigkeit einer Begrenzung gegenüber, die er selbst setzen muß, wenn er überleben will. Die Bedeutung dieser entscheidenden Veränderung unseres Lebens für das seelische Erlebnis wird bisher noch weitgehend übersehen. Unser Menschenbild hat eine radikale Wandlung erfahren, seitdem der Anruf »Macht euch die Erde untertan« in einem Ausmaß verwirklicht wurde, mit dem unsere seelische Entwicklung nicht Schritt hielt.

Die Geschichte der Menschheit zeigt als entscheidenden Entwicklungsschritt zur Kultivierung den Verzicht des Urmenschen auf die Tötung der Mitglieder der eigenen Gruppe, die der Befriedigung seiner Triebziele im Wege standen. Die Überlebenschance wurde dadurch wesentlich erweitert, genauso wie durch die gleiche Bereitschaft großer Völkergruppen, die, dem Urbeispiel des Individuums folgend, auch auf die Vernichtung anderer Völkergruppen verzichteten. Sklaverei stellt damit einen ersten Schritt zur Humanisierung der Gruppenaggression dar. Die Aufhebung der Sklaverei jedoch war eine weitere Station der Humanisierung unter Verzicht auf die mögliche Machtausübung. Diese Stationen der Menschheitsentwicklung sind gekennzeichnet durch seelische Entwicklungsvorgänge, deren wesentliches Charakteristikum die Begrenzung und Sublimierung der vorhandenen Machtmöglichkeiten ist.

Die Herausforderung der Zukunft besteht in einem anwachsenden Machtpotential des Menschen, das ihm die Technik vermittelt, während die Einsicht in die daraus resultierende Notwendigkeit der Machteinschränkung und Kontrolle der eigenen Macht- und Aggressionsbedürfnisse sich noch nicht über das vorausgegangene Bewußtseinsstadium hinaus entwickelt hat. Vielmehr verführen gerade die technischen Möglichkeiten noch ständig zu einer Regression, zum Rückgriff auf seelisch primitive Entwicklungsstufen und Erlebnisweisen, auf denen die unbewußten, destruktiven Tendenzen überwiegen. Während die technischen Kontrollen perfektioniert werden, beginnen die seelischen Kontrollfunktionen dabei zunehmend zu versagen.

Wie ist das zu erklären? Der Preis, den der Urmensch für seine besseren Überlebenschancen entrichtete, war die Verdrängung von primitiver Liebe und primitivem Haß. Beide stellten an ihrer Wurzel ein ineinander verflochtenes Gewebe dar, das seinen Ursprung in dieser ersten Unterdrückung primitiver Regungen hat. Sie werden um so schneller unkontrolliert aus dieser Verdrängung hervorbrechen, je mehr ihre unveränderte, unbewußte Wirkung verleugnet wird. Nur wenn die Möglichkeit der urmenschlichen Primitivreaktionen als historische Aktualität bewußt bleibt, ergeben sich für die psychologische Realität Kontrolle und Sublimierung. Verleugnen wir dieses Faktum im Rausch der technisch perfektionierten Omnipotenz, so bricht die Primitivität des Seelischen unkontrolliert durch und erzwingt die Anwendung der hochzivilisierten technischen Mittel zur Befriedigung und im Dienste äußerst primitiver Triebbedürfnisse. Es ist daher kein Zufall, daß in diesem seelischen Anpassungsprozeß an sehr erweiterte Grenzen menschlicher Möglichkeiten zunächst sowohl primitiver Haß wie primitive Liebe wiederkehren. Der seelische Entwicklungsvorgang ist hier eher einer Springprozession vergleichbar, jedoch kennzeichnet das Zurückweichen auf entwicklungsgeschichtlich frühere seelische Primitivstufen zugleich auch das Ausholen zu einer neuen Anlaufbewegung.

Es sind drei Bereiche der Realität, in denen die Herausforderung der Zukunft durch immer neue Entgrenzungen eine Wandlung der seelischen Einstellung erfordern. Erstens: Im Zusammenhang mit den naturwissenschaftlich-technischen Erkenntnissen wird der Arbeitsprozeß erheblichen Veränderungen unterliegen. Zweitens: Die sozialpsychologischen Einsichten über die dynamischen Prozesse der Kollektive werden die Politik vor völlig andersartige Aufgaben stellen. Drittens: Die psychoanalytischen Forschungen schließlich werden das Verhältnis der Geschlechter zueinander verändern. Eine so strikte theoretische Trennung ist kaum möglich, da diese drei Bereiche unlösbar insgesamt mit der menschlichen Existenz verbunden sind. Arbeit und Freizeit, Macht und Politik, Sexualität und Liebe werden eine gewandelte seelische Struktur erfordern, wenn wir diese Herausforderungen der Zukunft bewältigen wollen. Gemeinsames Kennzeichen dieser Wandlung wird jedoch die Ausbildung der Fähigkeit des Menschen sein müssen, sich seiner selbst deutlicher bewußt zu werden. Der Versuch, an traditionelle Ordnungen der Vergangenheit anzuknüpfen, sie aufrechtzuerhalten oder durch Bemächtigung wiederzubeleben, erweist sich schon heute deutlich als gescheitert. Jedes kollektive Abwehrsystem, durch welches das Individuum einer Ausweglosigkeit durch die Schwächung seiner eigenen psychischen Abwehrmechanismen überantwortet wird, würde auf die Dauer die kollektive Ordnung zerstören, weil damit die Last der Schuldgefühle frustrierend auf den einzelnen verlagert wird, was unweigerlich zu aggressiven Reaktionen führt. Das Problembewußtsein der Allgemeinheit wird sich so erweitern müssen, daß die kollektiv-normativen Forderungen dem Individuum einerseits ohne gewaltsame Eingriffe weitgehend Freiheit in der Befriedigung seiner individuellen Bedürfnisse lassen, andererseits wird nur auf diesem Wege die Bereitschaft zu Einsicht und Selbstverantwortung tatsächlich mobilisiert werden können. Die Herstellung oder Aufrechterhaltung seelischer Abhängigkeiten würde sich auf die Dauer nicht nur deshalb als schädlich erweisen, weil sie die allgemeine Neurosentendenz fördert, also zu seelischen Verformungen führt, sondern vor allem, weil gerade dadurch destruktive Tendenzen verstärkt werden, die sich dann der technischen Machtmittel auf zerstörerische Weise bedienen.

Die Umwandlung der technischen Arbeitsprozesse fordert bei der Automation nicht nur eine andere Bewußtseinslage, sondern auch freiere, flexible, selbständige Reaktionsbereitschaften. Hinzu kommt die Entpersönlichung in der arbeitsteiligen Welt, deren numerische Quantifizierung dem subjektiven Bewußtsein das Gefühl einer jeweiligen Austauschbarkeit vermittelt. Der Versuch, sich davor in eine betonte Individualität zu retten – eine Ideologie mancher tiefenpsychologischer Sekundärrichtungen –, wird zum Anachronismus angesichts der unverkennbaren Bedeutung dynamischer Gruppenprozesse. Das Schwergewicht der psychoanalytischen Forschung Freuds lag von Beginn an auf der Analyse und Erhellung der Objektbeziehungen. Die Weiterentwicklung der Wissenschaft von der Seele zeigt deutlich, daß dem Ich als Vermittler zwischen den Trieben und der Objektwelt entscheidende Bedeutung zukommt. Aus dieser Beziehung zwischen Objekt und Ich entstehen alle Probleme multipler Objektbeziehungen in der menschlichen Gruppe, deren Mitglieder jeweils füreinander ganz bestimmte Objektaspekte verkörpern, die nur an der Realität der anderen erfahren und korrigiert werden können.

Realität ist damit immer schon zugleich die Realität der anderen, über die ein Konsens erreicht werden muß. Die Fähigkeit zur relativen Übereinstimmung mit den jeweiligen Beziehungspartnern der sozialen Gruppen und die Sensibilität für Kommunikation und Kooperation wird eine der notwendigen zukünftigen Eigenschaften der menschlichen Seele sein müssen, wenn die technischen, wirtschaftlichen und politischen Möglichkeiten vernünftig genutzt werden sollen. Das ist nicht identisch mit Gruppenkonformismus. Vielmehr bedarf es gerade der Einsicht in die real bestehende, völlige Verschiedenheit der sozialen Gruppenpartner, um erfolgreich kooperieren zu können. Der Begriff der Individuation, geprägt durch die Schule C. G. Jungs, könnte die Verwirrung aufkommen lassen, daß eine individualistische Ideologie gegen das Kollektiv der Gruppen erstrebenswert sei. Genau das Gegenteil ist der Fall. Die Antinomie des Seelischen besteht gerade darin, daß nur die Anerkenntnis der persönlichen Unterschiede die Zuordnung und Einordnung in eine menschliche Gruppe erlaubt. Die gleiche Gesetzlichkeit gilt jedoch auch für die Beziehungen von Gruppe zu Gruppe, aus denen sich die großen Kollektive zusammensetzen. Diese Wirklichkeit zugunsten eines verträumten Individualismus zu übersehen würde Verhängnis bedeuten. Die Anerkennung der Autonomie des Ich jedoch ist eine Voraussetzung, die nicht durch kollektiven Zwang eingeebnet werden darf. Vielmehr entscheidet über die Zukunft des Arbeitsprozesses gerade die Möglichkeit freiwilliger Bindung des autonomen Ich in seiner Zugehörigkeit und Identifizierungsbereitschaft. Je mehr der einzelne in der kooperierenden Gruppe der Überwachung technisch automatisierter Vorgänge überantwortet wird, desto mehr ist er – genau wie im Beispiel des Autofahrers – der Schwäche oder Stärke seines persönlichen Ich überantwortet.

Die Bedingungen der Politik, die weltweiten Aspekte, denen sich das nationale Bewußtsein um der Überlebenschance aller Menschen willen wird fügen müssen, werden nicht nur die individuelle Identität wandeln. Die Unteilbarkeit des Friedens wird außerordentliche seelische Anstrengungen erfordern, um an die Stelle der Gewaltandrohung und Machtausübung die neu zu entwickelnde realistische Fähigkeit zu kommunikativer Kooperation zu setzen. Auch hier ist die Regression zur primitiven Liebe in politischen Reaktionen erkennbar, die irrationalen Triebimpulsen folgen, weil die Realität nicht ausgehalten werden kann.

Die Tiefenpsychologie hat erst vor wenigen Jahrzehnten begonnen, umfangreichere, systematische Beiträge zur Psychologie der Politik und zur Kontrolle der unbewußten Motivation des Politikers zu leisten. Mit Sicherheit werden wir jedoch in der Zukunft nicht mehr naiv bewußtseinsgläubig bleiben können, ohne damit Unheil heraufzubeschwören. Ein heute noch ungewöhnlicher Gedanke wird zur zukunftssichernden Notwendigkeit werden, wenn die politische Motivation weniger in der Analyse des individuellen Politikers, jedoch in einer kritischen Beurteilung der wahrscheinlichen psychologischen Folgewirkungen überprüft wird. Das mag zunächst wie eine Invasion der Tiefenpsychologie in alle Bereiche des Lebens anmuten. Jedoch sind es auch hier weniger die Personen, sondern es ist ein durch neu assimiliertes Wissen sich allmählich veränderndes Problembewußtsein der Allgemeinheit, das aus Einsicht und Verantwortung eine schützende Prüfung und Vergegenwärtigung unbewußter Tendenzen anstreben wird.

Die bewußte Kontrolle unbewußter Aggressionsstrebungen würde mißlingen ohne eine grundlegende Veränderung in der Beziehung beider Geschlechter zueinander. Was heute noch weitgehend als Sittenzerfall, Unmoral und Triebhaftigkeit angeprangert wird, ist in Wirklichkeit ein bisher zu Unrecht unterdrücktes Potential konstruktiver Naturkräfte. Sexualität ist die lebenserhaltende Naturkraft, Widersacher aller aggressiven Destruktion. Im »Kampf der Geschlechter« wird Sexualität auch heute noch oft genug als Vehikel für aggressive Triebbedürfnisse benützt. Demütigungen, Erniedrigung, Gewalt oder List sind häufig Vorbedingungen der Sexualität, ähnlich Bemächtigungstendenzen, während zugleich verborgene, deformierte Sexualität in unterentwickelten Kümmerformen durch geheime Sadismen oder moralischen Masochismus sich Auswege sucht.

Die selbstherrliche Mär vom Primat des Mannes, deren irrationaler Weg durch die Jahrhunderte in Konzilsbeschlüssen und Gesetzgebungen ihren Niederschlag findet, ist am Ende. Die Biochemie konfrontiert uns mit der grundsätzlichen Möglichkeit der Parthenogenesis. Die traditionellen Rollen von Mann und Frau sind grundlegend verändert durch die Entdeckung biologischer Möglichkeiten der Geburtenregelung. Sexualität ist frei geworden zu ihrer ursprünglichen Bestimmung des Liebens. Das Erschrecken über die Verkümmerung einer durch Jahrhunderte hindurch unterdrückten und institutionell zwangsregulierten Liebesfähigkeit ist zunächst groß. Dennoch beginnt erst hier echte Freiwilligkeit der Bindung. In der Entgrenzung der Partnermöglichkeiten muß freiwillige Begrenzung neu verantwortet werden. Damit wird jedoch Sublimierung genauso unvermeidlich wie bei der Aggression. Sexualität erst vermag Aggression zu mildern und umzuwandeln in konstruktives Beginnen. Tausende von individuellen Analysen seit achtzig Jahren in der ganzen Welt erwiesen diese grundsätzliche Möglichkeit der Befreiung des Menschen vom primitiven Zwang der Triebe durch Stärkung des Ich und eine Erweiterung des Bewußtseins seiner selbst. Aber auch hier gilt die Notwendigkeit zur Entwicklung dieses autonomen Ich, das nicht unter kollektivem Zwang handelt, sondern frei über den intimsten Bereich des Menschen entscheidet, in der Verantwortung für den anderen.

So hat die Zukunft schon begonnen, ohne daß wir es recht bemerken. Nur die Unfähigkeit, mit der Ausweitung unserer gewohnten Grenzen sinnvoll und vernünftig umzugehen, signalisiert uns den Mangel seelischer Entwicklung, die von den neuen Erkenntnissen der Intelligenz durch technisch-naturwissenschaftliche Errungenschaften überholt wurde, noch ehe die ersten Anpassungen gelangen.

Das stellt uns erneut vor die Frage: Was müssen wir von der Seele wissen, um mit uns selbst und unseren eigenen Entdeckungen vernünftig umzugehen, ohne in die Lage des Zauberlehrlings zu geraten, der die bannende Formel vergaß? Der Ruf nach den alten Begrenzungen, der Versuch, erneut und verschärft einzuengen, erweist nur den Widerstand gegen die Notwendigkeit seelischer Ausweitung und Entwicklung um einer neuen Identität willen. Der Identitätsverlust freilich verursacht Angst; aber Zwang wird diese Angst nicht bannen können. Nur Einsicht in die Wirklichkeit und Wirksamkeit der Seele wird die Verantwortung für die reale Wahrnehmung der Zukunft bewältigen können.

Zum Frieden erziehen

Krieg und Frieden werden seit Jahrhunderten einander gegenübergestellt. Sie scheinen dem Gegensatzpaar Tod und Leben zu gleichen. Jedoch erfolgt die Zuordnung in den Denktraditionen meist so, als ginge das eine aus dem anderen hervor. Der Friede steht auch nicht an erster Stelle. Gewiß ist der Friede das zeitliche Ende des Krieges, jedoch nicht seine logische Folge, so wie der Krieg nicht das Ergebnis des Friedens ist.

Unsere Arbeit für den Frieden müßte deshalb auch zunächst damit beginnen, die traditionelle Einförmigkeit unseres Denkens aufzulösen, die den Krieg bislang als ein unabwendbares Naturereignis hinnimmt. Unter vielen anderen traditionellen Vorurteilen ist die Vorstellung, der Krieg habe eine belebende Wirkung und sei der Vater aller Dinge, eine der hartnäckigsten Ideologien, die unsere Fähigkeit zur Wahrnehmung der Wirklichkeit verdunkeln. Fast alle Menschen beteuern stets, den Frieden erhalten zu wollen. Dieser bewußten Versicherung steht jedoch eine Tradition gegenüber, die den Frieden stets durch die Vorbereitung auf einen möglichen Krieg sichern möchte. Wir haben Kriegsministerien, jedoch keine Friedensministerien. Selbst die Verschiebung auf den Begriff Verteidigung rechnet immer noch mit Angriff, Gegenangriff und Zerstörung. Die Absurdität der möglichen Vernichtung der Menschen durch die atomare Zerstörung zeigt uns, daß wir im Begriff sind, eine erreichte Kulturstufe wieder zu verlieren.

Mit den traditionellen Vorstellungen von Verteidigung, Zivilschutz oder Abwehrbereitschaft verbindet sich eine reale Wirklichkeit, die heute nicht mehr vorstellbar ist. So wird die wirkliche Gefahr verkannt, wenn die statistische Wahrscheinlichkeit der Zerstörung und des Todes im Planspiel errechnet wird. »Statistiken bluten nicht. Es ist das Detail, das zählt«, stellt Arthur Koestler nüchtern fest.

Es scheint eine Lücke zu bestehen zwischen unserer Wahrnehmungsfähigkeit und unserer Intelligenz. Wir wissen, daß Krieg tödlich, grausam und zerstörerisch ist. Wenn ihn niemand will und er dennoch eintritt, so muß es in uns selbst Bedingungen geben, die wir noch nicht genügend wahrzunehmen vermögen. Wir haben noch keine Mühe darauf verwandt, diese Bedingungen genauer zu studieren, um zu erkennen, an welcher Stelle der Friede eigentlich verloren wird, lange bevor ein Krieg beginnt.

Die Menschheit hat eine lange Entwicklungsgeschichte. Jahrtausende einer sehr langsamen Kulturentwicklung haben uns befähigt, ein Bewußtsein zu bilden. Das ermöglicht uns Einsichten in unser Denken, Wollen und Handeln. Im Denken aber sind wir in der Lage, durch Vorstellungen gleichsam zur Probe zu handeln, bevor in der äußeren Welt etwas geschieht. Wir sind auch unterschieden vom Tier durch die Fähigkeit, unseren Trieben und Bedürfnissen Aufschub zu erteilen, sie in bestimmte Bahnen zu lenken und neue Formen der Befriedigung unserer Wünsche zu ersinnen. Aber dieses Bewußtsein, unser Ich, ist eine zerbrechliche, späte Eigenschaft. Diese Errungenschaft kann jeden Augenblick wieder in den Strom der Triebe zurückgerissen werden und alle bisher erreichten Stufen der Kultur zunichte machen. Darüber sollten wir uns nicht täuschen. Die erste Einsicht für den Frieden ist die vernünftige Anerkennung der Gefährlichkeit unserer vom Urmenschen ererbten Triebnatur, die unser Leben im tiefsten Grund seiner Vitalität mitbestimmt. Wenn wir diesen Anteil von uns selbst leugnen oder übersehen, so ist die logische Folge, daß wir ihn im anderen fürchten, auf den wir die eigene Gefährlichkeit projizieren.

So ist Friede keineswegs ein kollektiver Entschluß, besiegelt durch delegierte Politiker, sondern eine persönliche, täglich erneuerte Anstrengung des einzelnen gegen die kategorische Forderung der inneren Natur, biologische Bedürfnisse hier und jetzt sofort und so entspannend wie möglich zu befriedigen. Alle gesellschaftlichen Institutionen dienen ursprünglich der Regulation dieser menschlichen Bedürfnisse, um die Überlebenschance zu vergrößern. Unser Bewußtsein beginnt jedoch erst jetzt wahrzunehmen, daß die von uns selbst geschaffenen Institutionen ein Eigenleben entwickeln können, das sich zunächst unserer Kontrolle entzieht. Würden wir jedoch zu den Objekten der von uns selbst geschaffenen Institution, so wendet sich die ursprünglich durch Triebverzicht an die kollektiven Regulationsinstanzen abgetretene Aggressionsenergie gegen uns selbst zurück.

Der Fortschritt des Menschen auf dem Weg zum Frieden begann, als er lernte, Versagung und Aufschub seiner Wünsche zu ertragen, ohne rein reflektorisch sofort in Wut zu geraten. Wut und Haß wünschen nämlich jedes Hindernis sofort zu beseitigen, um zu einer direkten Befriedigung zu gelangen – ein Vorgang, der uns an jedem trotzig-zornigen kleinen Kind wiederbegegnet als ein Rest dieser langen Menschheitsentwicklung. Aber alle Lust will Ewigkeit. Und es ist der Wunsch des Kindes nach Sättigung, Wärme und hilfreicher Nähe der mächtigen Erwachsenen, der ihm selbst Frieden und Ruhe verspricht. Sein Zorn gegen die Versagung solcher Wunscherfüllung enthält unverändert die Aggression des Urmenschen gegen jedes Hindernis.

Dies ist ein individualpsychologisches Modell, dessen Tatsächlichkeit wir alle täglich überall dort wahrnehmen können, wo wir selbst auf Behinderungen, Versagungen, Enttäuschungen oder Einschränkungen mit Unwillen oder Zorn oder zerstörerischen Angriffswünschen reagieren. Kann man nun die psychologischen Gesetze des einzelnen und seine Reaktionsweisen ohne weiteres gleichsetzen mit kollektivpsychologischen Bedingungen? Sind nicht Völker und Nationen an ganz andere Gesetzlichkeiten gebunden? Läßt sich der Friede hier beim Individuum gewinnen, das ständig kollektiven Mächten und Institutionen überantwortet ist, deren es sich kaum zu erwehren vermag, obgleich es sie selbst schuf? Wir sollten nicht übersehen, daß die Erwartung der Eigenständigkeit des einzelnen, die Vorstellung eines autonomen Ich also, selbst für unsere hochdifferenzierte Kultur erregend neu ist. Furchterregend jedoch ist die Vorstellung, der einzelne solle mit diesem spät erworbenen, so zerbrechlichen, bewußten Ich nicht nur die Bedingungen seiner selbst und seiner Umgebung wahrnehmen, sondern auch dort Widerstand leisten, wo er die fatale Wirkung kollektiven Irrtums erkennt, vor allem, wo Zwang und Einschränkung der Freiheit mit Gewalt ausgeübt werden. Und doch ist gerade dies eine der Zumutungen des Friedens, die eine neue persönliche Verantwortung des einzelnen fordert. Diese Vereinzelung einer sinnvollen Widersetzlichkeit gegen die Irrtümer und Fehleinstellungen der eigenen Gesellschaft wird kaum geleistet werden können. Wir sollten uns darüber nicht täuschen. In der Hilflosigkeit und Ohnmacht des einzelnen suchen wir Zuflucht durch die Übereinstimmung mit anderen. Wir bilden Gruppen, Gesellschaften, Nationen, Kulturen, die auf sehr verschiedenen Ebenen gemeinsame Vorstellungen entwickeln. Jede dieser Ebenen enthält die Alternative zwischen Kommunikation oder Konflikt. Wir können jedoch nicht verhindern, daß sich dabei Vorurteile bilden, weil unsere reale Kenntnis über die tatsächliche Erlebnisweise anderer Gruppen oder Nationen durch unbewußte Gefühlseinstellungen getrübt wird, auch dann, wenn genügend sachliche Informationen vorliegen. Solche Vorurteile enthalten überwiegend positive Vorstellungen über die eigene, sehr häufig jedoch negative über die fremde, andere Gruppe. Vor eine meist unbekannte, fremde und unvertraute Wirklichkeit werden Urteile und Einstellungen geschoben, die zum Hindernis des Friedens werden, weil sie die menschliche Kommunikationsebene zum Vorteil des einen und zum Nachteil des anderen zu verschieben suchen. Rassismus, Antisemitismus, enger Nationalismus oder ethnozentrisches Gruppendenken sind Einengungen des Bewußtseins, die jede Wahrnehmung der Realität verhindern. Die Wirklichkeit erscheint dann verzerrt durch die weitgehend unbewußten, feindlichen Einstellungen gegenüber dem Fremden, Neuen und Unvertrauten. Wir wollen nicht lernen, sondern bei dem verharren, was wir bisher wissen, kennen und meinen.

Aber woher stammt diese Feindlichkeit allem Fremden gegenüber? Nur aus der Bequemlichkeit des Vertrauten? Auch hier ist es die alte Angst, Unbekanntes könne Bedrohung für uns bedeuten, die unsere abwehrende Aggression wachruft. Aber es kommt etwas Spezifisches hinzu: Wir alle leben in Gruppen, wachsen in Gruppen auf und wechseln unsere Zugehörigkeiten als jeweilige soziale Rollen. Innerhalb jeder Gruppe hat nicht nur jeder einzelne einen bestimmten Platz, sondern er verzichtet um der Übereinstimmung mit den anderen willen innerhalb dieser Gruppe weitgehend auf jede Feindlichkeit und Aggression. Der Konsens einer Gruppe kommt also durch einen teilweisen Verzicht zustande, indem die Mitglieder der jeweiligen Gruppe sich einem gemeinsamen Ziel zuliebe weitgehend miteinander identifizieren. Die Spannung aus der unterdrückten Aggression würde diese Menschengruppe auseinandersprengen, wenn sie nicht eine Möglichkeit fände, sich nach außen zu entladen.

Da die Gruppe ein Ziel verfolgt, benutzt sie die aggressiven Energien, um Aufgaben anzupacken und zu lösen. Erweist sich jedoch diese Aufgabe als unlösbar oder das Ziel als unerreichbar, so kann es zu einem merkwürdigen Vorgang kommen: In der Gruppe selbst darf alles nur gut sein, außerhalb von ihr jedoch ist das Böse. Diese Verlagerung des Bösen nach außen erlaubt es dann den Mitgliedern nicht nur, sich gegenseitig zu tolerieren, sondern auch den Zorn über gemeinsames Mißlingen nicht aneinander auszulassen. Die Aggression wendet sich Sündenböcken zu, die in anderen Gruppen gefunden werden. An ihnen wird die Wut über das eigene Versagen bekämpft.

Die Möglichkeit der mitmenschlichen Beziehungen ist begrenzt. So verringert sich auch die Wahrscheinlichkeit ausreichender persönlicher Befriedigung des einzelnen mit dem Anwachsen der Mitgliederzahl einer Gruppe. Dies kann aufgehoben werden durch die Bildung von neuen Untergruppen, die sich dann innerhalb einer großen Zahl von Menschen in ihren Beziehungen untereinander ähnlich wie Einzelwesen verhalten können. Jede Gruppe, die eine bestimmte Art von Übereinstimmung einer Anzahl Mitglieder verkörpert, steht so einer anderen Gruppe gegenüber wie ein Mensch dem anderen. Die Übereinstimmung der Gruppenmitglieder wird durch die Exponenten, Delegierten oder Verbindungsleute jeweils gegenüber anderen vertreten. In unserer Welt sind wir jedoch nur noch wenige Flugstunden von anderen Völkern, Nationen und Kontinenten getrennt. Es ist eine einzige, gemeinsame Welt geworden. So verschieden ihre Gruppen auch sein mögen, die entscheidende Anstrengung, sie untereinander zu einer neuen Verständigung zu verbinden, hat in den Vereinten Nationen längst begonnen. Aber es ist erst der Anfang eines ungeheuren Kampfes um einen Frieden, dessen Bedingungen keine irrationalen Träumereien mehr ermöglichen. Dieser Friede beginnt vielmehr mit einer Desillusionierung. Seine Vorbedingung ist die Aufhebung aller Täuschungen und

Selbsttäuschungen. Das ist eine harte Forderung, und sie verlangt die Bemühung unserer Vernunft. Unsere traditionelle Vorstellung des Friedens ist jedoch nach wie vor die Idylle eines romantisch-vergnüglichen Privatdaseins, das es uns erlaubt, die garstige, schnöde Welt zu meiden, um einen inneren Frieden des Herzens pflegen zu können, der allzu oft Selbsttäuschung oder Vermeidung ist.

Wir glauben auch heute mitunter, uns der Arbeit für den Frieden der Zukunft entziehen zu können, indem wir uns von der gefallenen Schöpfung abwenden, die Heilung der Welt und unserer Schmerzen im Jenseits erhoffend. Es gibt eine Art des christlichen Friedensdefaitismus, die der Versuchung des Pharisäertums erliegt, um dem Anruf zu entgehen, der uns hier und jetzt verpflichtet. Die Gefährlichkeit solcher geheimen Phantasien, daß es dieser sündigen Welt nur recht geschähe, wenn sie Strafe und Gericht des Krieges erleiden müsse, wird dabei meist übersehen oder nicht ernst genommen.

Darin kann gerade jene Menschenverachtung enthalten sein, die uns dann unfähig werden läßt, eigene Aggressionen überhaupt noch wahrzunehmen, die das Ergebnis einer gekränkten Eigenliebe sind. Das Bewußtsein und die Hoffnung, einst als der bessere Mensch im Jenseitigen belohnt zu werden, läßt uns dann vergessen, daß alles Lernen dem Schmerz eigener Wandlung unterliegt. Die Wirklichkeit nicht nur zu sehen, wie sie tatsächlich ist – auch illusionslos die eigene –, sondern ihren Gesetzen und Forderungen gerecht zu werden, ist die Friedenspflicht unseres Gewissens. Freilich werden wir hinter ihr oft zurückbleiben. Aber es ist gerechter, eigenes Versagen wahrzunehmen und sich dazu zu bekennen, als die Schwäche hinter einer Welt von Trümmern und Zerstörung zu verdecken, die nachträglich den Schein gloriosen Leidens bekommt.

Die Anstrengung, ein eigenes Ich-Ideal in den übergreifenden Ordnungen gemeinsamer Ideale der Menschheit tätig aufgehen zu lassen, befreit uns auch aus dem Gefängnis egoistischen Neides. Die Wurzeln der Feindlichkeit sind Neid und Eigenliebe, aber auch oft die scheinbar arglose Versponnenheit in die eigene Welt, der jede Störung als Zumutung erscheint. Diesen Rückzug auf die eigenen Interessen, auf die Selbstverliebtheit, um den Fremdneid zu überwinden, ist jedoch eine der Vorbedingungen des Friedens, um überleben zu können. Die narzißtische Kränkung des einzelnen, die ihm von der Gesellschaft und den Nächsten widerfahren kann, verführt ihn nur allzu häufig zu dem feindlichen Wunsch, seine Aggressionen an eben diesem Nächsten auszulassen, damit er ihm aus dem Felde gehe.

Die Angst vor Verlust oder vor narzißtischer Kränkung im Zusammenleben der Menschen ist nicht besiegt. Vielmehr besteht die Gefahr, den Frieden an die Wahnidee gegenseitiger Verfolgung zu verlieren. Der seelische Mechanismus der Projektion, das heißt die Leugnung der eigenen verdrängten aggressiven Ansprüche, die dann jedoch dem vermeintlichen Gegner und potentiellen Feind unterstellt werden, ist das größe Friedenshemmnis. Es wird verstärkt, sobald durch Vorurteil und die emotionale Abwehr eigener Schwächen der Nachbar als ein böse gewillter, auf Angriff sinnender Gegner verteufelt wird. Allzu bald verliert er dann seine menschlichen Eigenschaften. Einmal jedoch zum Untermenschen geworden, finden Aggression und Grausamkeit ihre moralische Berechtigung in seiner Vernichtung. Die Befreiung vom Übel wird zur guten Tat durch eine einzige Urteilstrübung: nämlich die Annahme, diese Nachbarn seien nicht Menschen wie wir, sondern minderwertiger. Diesen Hochmut narzißtischer Selbsttäuschung finden wir überall in den Vorurteilskrankheiten, die aus dem Mangel an Information und Hilfestellung entstehen. Vorurteile lassen sich jedoch durch Belehrung allein nicht überwinden. Sie sind vielmehr tief im Unbewußten eingewurzelt, weil sie der ökonomischen Abwehr unserer Seele dienen. So bedarf es auch der psychologischen Bemühung, um sie aufheben zu können. Wir können nicht erwarten, daß jeder Bürger eines Fünfzig-Millionen-Volkes bis in die kleinsten politischen Details aufgeklärt ist. Aber wir können erwarten, daß er die Grundsätze der politischen Psychologie bereits in einem Alter angeboten bekommt, in dem sein Ich noch soweit lernfähig ist, daß es die Notwendigkeit eines sozialen Beitrages zum Leben der Gesellschaft im konkreten Handeln und in den Einstellungen erproben und üben kann. Wir sollten bemüht sein, die dafür gegebenen und bewährten Methoden anderer Länder soweit zu erwerben, daß es zu einer Ausbildung der öffentlichen Tugenden tatsächlich kommt.

Die Prägung der Bereitschaft, freiwillige Beiträge zum Sozialleben durch Anspruchsaufschub und Triebverzichte zu leisten, beginnt bereits in der Familie. Die öffentlichen Tugenden jedoch können nur im konkreten sozialen Spannungsfeld der Gemeinschaft Gleichaltriger erprobt werden. Eine Vorbereitung der Erzieher der Schule auf diese vordringliche Aufgabe tut not, denn es geht nicht um Wissen allein, sondern um die Korrektur eingeschliffener Haltungen, deren schlechtes Vorbild mehr Verhängnis verursachen kann als Worte. Ein psychologischer Irrtum sollte bereinigt werden: Die soziale Prägung des Menschen und die Vorformen der späteren Entwicklung seines Gewissens und seiner Beziehungsfähigkeit entstehen wesentlich früher, als die Allgemeinheit heute noch annimmt. Sosehr die Ausbildung der Intelligenz den längeren Zeitabschnitt unserer Bildungsbemühungen in Anspruch nimmt, sowenig sollte verkannt werden, daß die emotionale Basis, auf der sich dieser Prozeß überhaupt erst entwickeln kann, bis zum Beginn des Schulalters fast abgeschlossen ist. Politische Aufklärung und Arbeit für den Frieden können und dürfen deshalb den Primärbereich der Familie nicht ausklammern, denn gerade hier entsteht die Gefahr der Entwicklung von neuen, weitgehend abhängigen autoritären Persönlichkeiten. Die Wirkung solcher Prägungen wird verstärkt, wenn die Zweiterziehung in Schule und Fortbildung nicht entscheidende Erfahrungskorrekturen in neuen und anderen Sozialbeziehungen ermöglicht.

Kirchen und Schulen stehen vor der Pflicht zu einer Befreiung des Denkens. Unterwerfung ist verhängnisvoll, weil damit die Chance der Freiheit verspielt wird zugunsten der Bequemlichkeit und Wandlungsunfähigkeit des Erziehers. Erzeugung von Abhängigkeit ist ein Vergehen gegen den Frieden. Nur ein an der eigenen Erprobung durch selbständige Erfahrung an Versuch und Irrtum herangereiftes Ich ist stark genug, um jene Eigenständigkeit zu entwickeln, die der zukünftige Friede erfordern wird. Das schwache, in Abhängigkeit gehaltene, kindlich gebliebene Ich wird sich nicht nur unterwerfen, sondern sich stets mit der Macht passiv identifizieren, ohne die Realität dieser Macht kritisch zu prüfen. Das sind dann Vorstrukturen für die Gefolgschaft jeder Diktatur. Ein auf diese Weise gezüchtetes latentes Aggressionspotential verführbarer Unmündiger bildet jedoch eine konstante Bedrohung des Friedens.

Eng verbunden mit der Erzeugung von Abhängigkeit, dem wirklichen Problem von Macht und Herrschaft im Frieden, ist die Entwicklung der eigenen Freiheit. Sie ist nicht wahllose Freizügigkeit, sondern die Möglichkeit freiwilliger Verbundenheit als Gegensatz zum Zwang. Die Erfüllung freiwillig übernommener Aufgaben für das Ganze ist eine der wichtigsten Vorbedingungen des Friedens. Aber sie würde nicht ausreichen, wenn wir nicht zugleich Wege finden würden, die Reifung eines eigenständigen, realitätskritischen Ich in Freiheit zu fördern. Die Hindernisse des Friedens liegen in der überkommenen Triebnatur des Menschen selbst, die wir besser erkennen und bezähmen lernen müssen.

Ohne das klare Eingeständnis, wie heftig auch heute noch Mars und Venus miteinander ringen, entgeht uns der uralte Inhalt der Vorurteile, die sich im Zwiespalt der eigenen Natur zwischen Leben und Sterben wiederholen. So ist die Tradition des Krieges eine Verlagerung des Kampfes zwischen Haß und Liebe in der eigenen Brust nach außen. Unsere Furcht, weniger geliebt zu werden als andere, zu kurz zu kommen am Tisch des Lebens, entfacht unsere Gier und unseren Neid. Verhüllen wir uns selbst die Gefahr des aggressiven Beseitigungswunsches gegenüber dem vermeintlich erfolgreicheren Rivalen – gleichgültig, ob auf der Ebene der Person, der Gruppe, der Gesellschaft oder der Nationen –, so trifft uns die Vergeltung des Talion-Gesetzes, dem unser inneres Erleben noch anhängt.

So gilt es, die Versagungen auf sich zu nehmen und, statt zu vergelten, Neues zu ersinnen, das eine Befriedigung ermöglicht, ohne zu zerstören. Der Friede beginnt mit dem Aufgeben irrationaler Illusionen, in denen wir eigentlich magische Kinderwünsche verwirklicht sehen wollen. Friede ist jedoch das Gebot einer kritischen Wirklichkeitsprüfung. Diese Realisierung wird uns nicht gelingen ohne die Wahrnehmung der psychologischen Bedingtheiten und Nötigungen, die unsere Wahrnehmungen und Entschlüsse auch vom Unbewußten her mitbestimmen. Die dunklen Bezirke des Unbewußten im einzelnen wie im Kollektiv mehr und mehr zu erhellen, um unsere Entscheidungen von der Vernunft bestimmen zu lassen, ist die Verpflichtung zu einem friedlichen Entwicklungsprozeß, in dem der eine der Hilfe des anderen bedarf. Es gibt im Frieden keinen Rückzug von der Wirklichkeit, der nicht ein Ausweichen von dieser Pflicht inneren Werdens und der Hilfsbereitschaft für den Nächsten wäre. Die genauere Beobachtung der menschlichen Sozialisation, die Verhinderung von Abhängigkeiten und das Eingeständnis der ständigen Irrtumsmöglichkeit kennzeichnen den langen und beschwerlichen Weg zum Frieden. Die Psychologie vermag nur beizutragen, was sie von der Wirklichkeit des Menschen weiß. Die Auflösung falscher Idealisierungen und die Wachsamkeit gegenüber jeder sich andeutenden Tendenz zur Entmenschlichung werden uns helfen, die Wirklichkeit so anzunehmen, wie sie ist, und in ihr zu leben ohne Verleugnung, ohne Resignation und ohne Illusionen. Der Preis für den Frieden ist hoch, aber er fordert mehr als der Krieg: die Zumutung, ein Mensch zu werden inmitten anderer Menschen, die er zu lieben vermag wie sich selbst. Nicht mehr und nicht weniger. Wir sind aufgerufen, zu antworten mit unserem Leben. Wir können es verspielen oder gewinnen und mit ihm den Frieden, der unteilbar ist.

Auf Gewalt verzichten

Kriege, Mörder, Räuber und Totschläger hat es zu allen Zeiten gegeben. So sagen die einen und betrachten Gewalt als ein unabwendbares Naturereignis. Warum wird stets der friedliche, gewaltlose Mensch zum Opfer jener, die nur sich und das Ihre kennen, das sie sich mit Gewalt nehmen, fragen die anderen und bezweifeln die Unvermeidbarkeit der Gewalt.

Aber Gewalt im Atomzeitalter ist etwas anderes als Keulen, Beile, Steinschleudern, Schwerter und Lanzen. Sie übertrifft auch Schnellfeuergewehre und Kanonen. Die Opfer von Atomraketen übersteigen viele Millionen. Die Chancen, solche weltweiten Gewaltausbrüche zu überleben, sind gering. Dennoch scheint der Entschluß zum Gewaltverzicht, zur freiwilligen Gewaltlosigkeit schwerzufallen.

Das hat viele psychologische Gründe. Die historische Identität des Menschen muß in gewissem Grade in Übereinstimmung bleiben mit seiner aktuellen Identität. Jede Unterbrechung dieser scheinbar kontinuierlichen Linie macht angst, weil Veränderungen diese tradierte Identität in Frage stellen – für das Individuum genauso wie für Gruppenverbände und Nationen. »Das war schon immer so« ist die stereotype Antwort, als sei Gewalt eine notwendige Tradition. Hier wird die Zukunft aus der Vergangenheit abgeleitet, damit neue Denkansätze und die Mühsal der Veränderung von tradierten Haltungen und Einstellungen erspart bleiben.

Eine kurze Rückbesinnung auf die verschiedenen Qualitäten, mit denen Gewalt benannt wird, zeigt etwas Merkwürdiges. Es gibt ungeheure, unwiderstehbare, zwingende, magische, nackte, rohe, brutale, zerstörerische, mörderische, explosive, erzieherische, polizeiliche, staatliche und Naturgewalt, während der Gewaltlosigkeit kaum irgendein Eigenschaftswort zugeschrieben wird. Vielmehr ist Gewaltlosigkeit schon in der Sprache nur ein Nicht-Vorhandensein von Gewalt, das meist mit Wehrlosigkeit gleichgesetzt wird. Häufig wird sogar der Gewaltlosigkeit die Qualität des Nur-Passiven zugeschrieben. Dennoch wird sie paradoxerweise dann auch als »sanfte« Gewalt bezeichnet. Das weist darauf hin, daß dem zeitgenössischen Bewußtsein Gewaltlosigkeit geradezu als unmöglich, als unglaubhaft erscheint – sie darf nicht wahr sein, es kann sie nicht geben.

Sind Pazifisten dann Ursache oder Anlaß für Gewalt und Aggressivität, weil sie einen Sog des leeren Raumes schaffen, der andere nur noch angriffslustiger macht? Woher dann das christliche Wort: Gibt dir jemand einen Wangenstreich, so halte ihm die andere Wange hin? Es stützt sich auf die viel ältere jüdische Regel: Sagt man dir, töte oder du wirst getötet, so lasse dich töten. Worauf gründet sich die feste Überzeugung, Gewaltlosigkeit werde am Ende die Gewalt überwinden?

Tiere haben eine instinktgebundene Tötungshemmung gegenüber der eigenen Art. Der Wolf kann den Ansatz zum tödlichen Biß in die Gurgel des Gegners nicht beenden, wenn dieser, in der wehrlosen Ergebenheitsgeste, ihm den freiliegenden Hals darbietet. Er muß von ihm ablassen. Anders der Mensch. Er tötet den Wehrlosen, auf Befehl sogar zu Hunderten und Tausenden. Er ersinnt Gewalten, die jede Naturkatastrophe um das Tausendfache übertreffen, nur um zu töten. Wehrlosigkeit kann also dem Menschen ein Anlaß zur Gewalt werden, weil kein Instinkt ihn hindert.

Aber ist das normal? Wir scheinen uns daran gewöhnt zu haben, Planungen vernichtender Gewalt, mit Computern präzise ausgerechnete Ziel- und Vernichtungsareale, als unvermeidlich hinzunehmen, obgleich wir wissen, daß die vorauskalkulierten Zahlen der menschlichen Opfer mehrere Millionen zählen. Handelt es sich um eine Wahnkrankheit oder um eine biologisch begründete Notwendigkeit, die Bevölkerungszahlen dieses Planeten nicht über ein bestimmtes Maximum hinaus ansteigen zu lassen? Es scheint ein Augenblick eingetreten zu sein, in dem die dem Menschen zur Verfügung stehenden Möglichkeiten technischer Gewalt die Entwicklung eines völlig neuen Bewußtseins zwingend fordern. Gewaltlosigkeit in unserer Epoche hat also andere Motive. Sie deuten auf eine weltweite Veränderung von Grundeinstellungen zum menschlichen Leben hin, die bei weitem noch nicht erreicht ist. Aber die Anzeichen dafür mehren sich, daß Gewaltlosigkeit sehr viel umstürzende Wandlungen im menschlichen Selbstverständnis erzwingt, die mit dem bisherigen seelischen Entwicklungszustand noch nicht bewältigt werden können. Einfacher gesagt: Wir sind in der Masse noch zu primitiv geblieben, um nicht der ständigen Versuchung anheimzufallen, sofort Gewalt zu brauchen, wenn wir uns in egoistischen Zielsetzungen beeinträchtigt sehen. Bestimmte, mögliche menschliche Eigenschaften haben sich also noch nicht genügend ausdifferenziert. So ist es nicht verwunderlich, daß Gewalt meist in unseren Vorstellungen auch mit Primitivität und Dummheit verbunden wird, denen Klugheit oder List gegenüberstehen.

Für Gewaltlosigkeit gibt es viele Motive. Sie kann natürlich das Ergebnis von Angst, Feigheit, Schwäche oder Vermeidung sein, aber genausogut das Ergebnis langen Nachdenkens als begründete Überzeugung. Zu dieser überzeugten Gewaltlosigkeit gehört offenbar mehr Mut als zur Gewalt. Diese Überzeugung schließt die Bereitschaft zum Opfer in sich. Wer Gewaltlosigkeit aus Einsicht vertritt, weiß, daß gerade er zum Opfer wütender Gewalt werden kann, weil er paradoxerweise durch seine Vernunfthaltung bei anderen Angst verursacht.

Dieser psychologische Mechanismus ist nicht ganz einfach zu verstehen. Die Angst jedes primitiven Menschen läßt ihn annehmen, ein anderer, ihm Unbekannter führe Böses gegen ihn im Schilde. Damit verdeckt der im Grunde Ängstliche seine eigene Aggressivität und verhüllt vor sich selbst das eigene Böse. Er projiziert es einfach auf sein Gegenüber nach dem Grundsatz: »Nicht ich will ihm Böses, sondern er mir!« Der nächste Schritt scheint logisch; denn die vermeintliche Überzeugung, der andere wolle mir Böses, bei gleichzeitiger Verleugnung und Verdrängung der eigenen gewaltsamen Absichten, läßt dann jede Gewalt berechtigt erscheinen, die der eigenen Verteidigung dient. So werden Angriff und Angriffslust, Bedürfnis nach Gewalt und Befriedigung gewaltsamer Strebungen in scheinbar notwendige Verteidigung und die Wahrnehmung berechtigter Interessen umgelogen. Der innere moralische Konflikt scheint gelöst; denn die jeweiligen Opfer haben Gewalt herausgefordert.

Es ist leicht, sich vorzustellen, was geschieht, wenn sich in zwei Menschen genau der gleiche Prozeß abspielt und jeder durch diesen seelischen Mechanismus der Projektion für sich glaubt, nur in der Verteidigung zu sein. Obgleich ein direkter Rückschluß vom Erleben des einzelnen auf das Verhalten von Gruppen und Gesellschaften irreführend wäre, weil dabei andere, sich verselbständigende institutionalisierte Zwänge, sozioökonomische und ideologische Faktoren mitwirken, bleibt das Erlebnismodell der Projektion des Bösen dennoch auch hierbei wirksam.

Der Entschluß zur Gewaltlosigkeit setzt dieses Wissen voraus. Wer sich für die Gewaltlosigkeit entscheidet, weiß aber auch, daß der andere von diesem Projektionsmechanismus weder etwas weiß noch ihn wahrnehmen kann, bevor er schuldig geworden ist. Nur so entsteht jene vielzitierte Paradoxie, die von allzu kurz Denkenden dahingehend interpretiert wird, daß der Gewaltlose geradezu Gewalt provoziere. Tut er das wirklich? Vermittelt nicht das Angebot der Gewaltlosigkeit eher eine Chance zum Innehalten und Nachdenken, bevor blindwütige Gewalt sich ausbreiten kann? Hier liegt das eigentliche Problem der Gewaltlosigkeit und ihre enge Verflochtenheit mit der Entwicklung des jeweiligen Bewußtseinszustandes beim einzelnen wie bei Völkern und Nationen. Konsequente Gewaltlosigkeit ist sehr schwer auszuhalten, weil sie mit vitalen Ängsten einhergeht, in denen Bedrohung bis zum äußersten ertragen werden muß, unter Umständen bis zur gnadenlosen Vernichtung. Gewaltlosigkeit ruft in jedem zur Gewalttätigkeit bereiten Menschen Angst und Panik hervor, weil er unbewußt plötzlich mit seiner eigenen Gewaltsamkeit und Zerstörungs- und Tötungslust konfrontiert ist. An dieser Stelle könnte er sie noch zurücknehmen und seine eigene Neigung zur Unmenschlichkeit anerkennen, der er durch falsche, automatisierte Erziehungsprozesse und frühe Unterdrückung seines freien Willens ausgeliefert wurde. Aber gerade das kann er nicht. Vielmehr muß der in der Grundeinstellung gewaltbereite Mensch zwanghaft dem sich anbietenden Opfer alle jene Schläge, Unbill und Gewalt antun, als deren Opfer er sich selbst zuvor erlebt hat. Erst der Erschlagene ruft in ihm das Bewußtsein wach, daß er versucht hat, die im Opfer verkörperten, verleugneten eigenen Anteile seiner selbst gewaltsam aus dem Wege zu räumen. Es darf für ihn jenen Gewaltlosen nicht wirklich geben oder gegeben haben; denn sonst wären seine eigenen Wünsche, Gewalt auszuüben, nicht mehr zu rechtfertigen. So muß das Opfer noch nachträglich ins Unrecht gesetzt werden, um die eigene Schuld zu beschönigen.

Es gibt nur zwei Wege, die aus diesem untilgbaren Schuldbewußtsein herausführen: entweder die Umkehr, die Einsicht in die Gefährlichkeit eigener Gewaltwünsche und als Konsequenz der Gewaltverzicht, also die Gewaltlosigkeit; oder eine sich steigernde Mordlust, die gewalttätige Sucht, die durch immer brutalere, schließlich überdimensionale Gewalt mit der Zerstörung aller anderen sich selbst vor der Verfolgung durch die eigene, immer größer werdende Angst zu retten versucht. Der von Angst Gepeinigte braucht Gewalt, um der Angst einer Konfrontation mit der Wahrheit über sich selbst zu entrinnen. Ohne bewußte Umkehr entrinnt er ihr nicht, denn unbewußt richtet sich die Folge angewandter Gewalt immer mehr gegen ihn selbst, bis sie ihn mit Sicherheit selbst trifft, auch wenn er glaubt, die Gewalt mit ideologischen Mythologien vor sich selbst und seinen Opfern gegenüber rechtfertigen zu können.

Die ehrliche Konfrontation mit der eigenen Tendenz zur Gewaltsamkeit ist ein langer, schmerzhafter Lernprozeß. Der Gewaltlose aus Überzeugung kennt seine eigenen Tendenzen zur Gewaltanwendung. Erst durch dieses Vorauserlebnis erkennt er ihre Symptome am anderen und kann ihnen furchtlos begegnen, aber auch nur dann, wenn er sicher sein kann, daß seine Gewaltlosigkeit nicht den eigenen persönlichen Zwecken dient. Solche Überzeugung und Haltung stößt auf Unglauben in unserer Welt, eben weil es für die meisten Menschen nicht glaubwürdig ist, daß ein einzelner nicht wie alle anderen nur sich und das Seine sucht, jeder gegen jeden.

Wenn es also Gewaltlosigkeit wirklich gäbe, so wäre dies Anlaß zu Umkehr und Besinnung, zu bewußter Änderung, nicht nur des eigenen Verhaltens, sondern auch der Erziehung, der Gesellschaft, der Institutionen, ohne Gewalt. Ein schlechtes Geschäft sicher für Rüstungs- und Kriegsindustrien – eine Katastrophe vielleicht auch für die Weltwirtschaft, so wie sie bisher funktioniert im westlichen Privatkapitalismus genauso wie im östlichen Staatskapitalismus. Das überlegene Lächeln des überzeugten Linksradikalen wie des Faschisten über solche Utopie belehrt uns sofort über die zu erwartende Länge dieses Entwicklungsweges. So ist jede Hoffnung verfrüht. Es bedarf einer bestimmten Entwicklung über viele Generationen, bevor Erziehung sich von der jetzigen Gewaltdressur in eine Freigabe des Menschen zu sich selbst wandeln kann.

Die Wirksamkeit und Überzeugungskraft der Gewaltlosigkeit muß erlebt werden können, bevor man sich auf dieses Wagnis einlassen kann. Das bedarf der Vorbilder. Das Wort allein kann nicht überzeugen. Wer weiß sich frei von Gewaltphantasien? Sind sie nicht das konsequente Ergebnis der frühen Unterdrückung des seinen Erziehern wehrlos ausgelieferten Kindes?

Um was aber geht es der Gewalt? Vermeintlich um Recht und Ordnung, um die Durchsetzung unabweisbarer Notwendigkeiten, um eine neue, bessere Welt? Nein, der Gewalt geht es stets nur um den Bestand und die Bestätigung der Richtigkeit des eigenen bisherigen Lebens und Denkens, der jeweils vertretenen Maxime und Irrtümer, um die Konservierung von ständig wiederholten Fehlern, die um jeden Preis, eben auch mit Gewalt, verteidigt werden müssen, damit sich nichts ändert. Denn Änderung wäre Beginn einer Konfrontation mit dem falschen Bedürfnis nach Verewigung und Ausdehnung der eigenen Macht und Gewalt, sei es der elterlichen, der erzieherischen, der politischen oder wirtschaftlichen Herrschaft und Gewalt. So wird Gewalt auch zum Symptom für den Kampf der Generationen und Völker im Ablösungsprozeß von überlebten Ideologien, Prinzipien und Weltanschauungen.

Gewalt ist der Wahn, das eigene Leben über den Tod hinaus durch die Vernichtung von Glück, Freiheit und Leben anderer verlängern oder bereichern zu können um einer Idee willen, der subjektiver Ewigkeitswert zugeschrieben wird. Gewaltlosigkeit ist die Einsicht in die Vergänglichkeit des Einzellebens, das dem Gang der Entwicklungsgeschichte der Menschheit nur als eine Möglichkeit dient, langsame Lernprozesse immer wieder von neuem als Modell anzubieten, bis schließlich gelernt worden ist, daß Gewalt stets nur Gewalt hervorruft.

Ob es noch gelingt, den Menschen unserer Zeitepoche rechtzeitig von dem selbstherrlichen Wahn seiner illusionären Allmachtsvorstellungen zu heilen, oder ob erst die Schuld an den Hekatomben Getöteter die Einsicht in die unabwendbare Notwendigkeit überzeugter Gewaltlosigkeit dämmern läßt, ist die ernsteste Frage zur bevorstehenden Jahrtausendwende.

Seelisch gesunden

In der Entwicklung des einzelnen gibt es Krisenabschnitte, in denen eine bestehende Form und Weise des Lebens und Erlebens aufgegeben werden muß. Die Bewältigung solcher inneren Krisen erfolgt durch die Integration von neuen, das Verhalten verändernden Einsichten in die zuvor bestehende Gesamtpersönlichkeit. Dabei lassen sich deutlich Reifungs- und Wachstumskrisen erkennen, soweit wir die Kindheits- und Jugendentwicklung beobachten. Der Erwachsene bemerkt jedoch häufig solche kritischen Entwicklungsabschnitte erst dann, wenn er sich merklich in seinem seelischen Gleichgewicht gestört sieht. Nicht immer erkennt er die Gründe dafür, jedoch wächst oft seine Angst davor, daß solche »Störung« zur Krankheit werden könnte, die von der Allgemeinheit weitgehend immer noch als »unheimlich« erlebt wird. Sicher aber sind es diese Entwicklungsknotenpunkte, innere Entscheidungen über erforderliche Veränderungen der Lebenseinstellung, die seelisches Wachstum und die Möglichkeit der Reifung der Persönlichkeit kennzeichnen.

Es ist eine offene Frage, ob die »Gemütskrankheiten«, die Störungen des seelischen Gleichgewichts, tatsächlich statistisch zugenommen haben, oder ob es sich dabei um ein Scheinproblem handelt, das durch eine Veränderung des zeitgenössischen Problembewußtseins entstanden ist. Objektiv läßt sich jedoch feststellen, daß die Behandlungsbedürftigkeit, der Wunsch, Rat, Hilfe, Unterstützung und Klärung zu einer besseren Bewältigung seelischer Konflikte zu finden, im ganzen in den westlichen Gesellschaften zugenommen hat.

Diese scheinbare Zunahme von Gemütskrankheiten konzentriert sich vor allem auf die Symptome des Versagens und leichterer Depressionen und Verstimmungszustände. Während die lauten, offensichtlich erkennbaren, akuten schwer psychotischen Erkrankungen in den Hintergrund zu treten scheinen, nehmen die unauffälligen, schleichend verlaufenden, krankhaften psychischen Entwicklungen zu. Aber vielleicht sind wir auch nur bereit, genauer hinzusehen. Wir geben uns nicht mehr mit der traditionellen Erklärung zufrieden, daß seelische Erkrankungen auf Vererbung beruhen, weil wir heute genauer wissen, wie sehr Einflüsse der frühkindlichen Entwicklung, die Art der Gefühlsbeziehungen in Kindheit und Jugend und die sozialen Bedingungen im Laufe des weiteren Lebens Zustände hervorrufen können, die wir als seelische »Dekompensation«, also als eine Art Zusammenbruch der seelischen Verarbeitungsfähigkeit bezeichnen können – volkstümlich bis heute »Nervenzusammenbruch« genannt.

Aber was bricht hier eigentlich zusammen? Es ist die Fähigkeit, Wirklichkeit und Illusion klar voneinander unterscheiden zu können. Ein Problem unserer Epoche ist die Unfähigkeit, die Informationsfülle und das ununterbrochen auf uns einströmende Reizangebot ausreichend in die vorhandene Persönlichkeitsstruktur einzuordnen. Wir werden weder darauf angelegt noch erzogen, diese Fülle richtig einzuordnen und daraus Folgerungen zu ziehen und Entscheidungen so zu treffen, daß ein eigener Weg sich entwickeln kann. Die sozialen Bedingungen haben sich dadurch verändert, daß diese Datenfülle mit den erlernten Verhaltensweisen nicht mehr zu bewältigen ist, ohne dabei einen Teil der Angebote auszuschließen und auf bestimmte Verwirklichungen zu verzichten. Hinzu kommt, daß gleichzeitig programmierte, illusionäre Angebote uns überfluten, Verführungen, die in uns die kindliche Vorstellung bestärken, eine direkte Befriedigung aller denkbaren Lustbedürfnisse sei das passende Äquivalent zu den Forderungen der Leistungsideologie, die uns ständige Verzichte abfordert.

Die Überforderung auf der einen Seite steht in einer direkten Beziehung zu dem Mangel an Forderungen der Persönlichkeitsentwicklung. Wir passen uns an Leistungsforderungen an, indem wir unser formales Wissen erweitern und die intellektuellen Fähigkeiten immer spezialistischer ausbilden. Gleichzeitig jedoch fehlt jede ausreichende emotionale Erziehung oder Ausbildung. Wir sind mit unseren seelischen Problemen, mit unseren Gefühlen und Konflikten weitgehend allein; daher die große Sehnsucht nach einem Menschen, an den man sich vertrauensvoll anlehnen kann, die viele zum Ausdruck bringen. Zugleich müssen wir aber fürchten, daß eine Offenbarung solcher verborgenen Probleme und Gefühle unseren Wert als Leistungsmitglieder der Gesellschaft mindert und uns dadurch Nachteile verschafft.

Der Zwang zur Anpassung erzeugt nun folgerichtig jene Aufspaltung in ein öffentliches Ich, das die sozialen Rollen übernimmt und sie möglichst gut auszuführen versucht, während das private Ich vor allem deshalb verborgen werden muß, weil es der formal übernommenen Rolle häufig gar nicht entspricht. Hinzu kommt, daß viele Menschen ihre Identität irrtümlich mit ihrer Stellung, ihrer sozialen Bedeutung gleichsetzen, während sie sich um den anderen Teil, nämlich ihre innere Beziehung zu sich selbst, überhaupt nicht kümmern. Sie leben gleichsam von einer entliehenen Identität, sie identifizieren sich mit dem, was »man« tut, und spielen sich selbst und anderen die jeweilige Rolle vor, während alles andere von der Oberfläche verdrängt wird, um ihr Selbstwertgefühl nicht zu beeinträchtigen.

In dieser Verdrängung gerät es schließlich in Vergessenheit, so lange, bis sich ein gleicher Konflikt, eine gleichartige gefürchtete Gefühlsverletzung wiederholt und die zuvor verdrängte Angst von neuem ausbricht und dann das gesamte Leben irritiert. Diese Angst muß sich aber wiederholen, weil die ins Unbewußte verdrängten Inhalte so lange vogelfrei und unkontrolliert bleiben, bis sie vom Bewußtsein anerkannt und in gelebtes Leben verwandelt werden können. Mit anderen Worten: Wer sich selbst nicht kennt, wer einen wichtigen Teil von sich selbst um der Eitelkeit und Selbstliebe willen verleugnet, darf nicht überrascht sein, wenn der verleugnete Anteil seiner Persönlichkeit alle Größenwünsche zerstört. Umgekehrt sollte, wer deprimiert ist und sich schwach fühlt, begreifen können, daß der verleugnete, verdrängte, stärkere Anteil der Persönlichkeit ihn aufruft, etwas für dessen Entwicklung zu tun, anstatt in falscher Selbstliebe sich selbst unentwegt zu bedauern.

Viele Menschen leiden an diesem ungelebten Leben aber auch aus einem anderen Grunde. Es besteht eine unüberbrückbar erscheinende Kluft zwischen der Fülle der Möglichkeiten, die uns ständig suggeriert werden, und der tatsächlichen Fähigkeit zu einer befriedigenden Selbstverwirklichung.

Angesichts der Fülle der Auswahl läßt sich oft nur noch durch Versuch und Irrtum herausfinden, welches die richtige, persönliche Entscheidung sein könnte. Zugleich werden aber diese Probierhaltungen wenig gebilligt, da Perfektionszwänge das Ideal einer Tüchtigkeit vorgaukeln, die es in Wirklichkeit nicht gibt. Es bedarf immer einer persönlichen Entscheidung, um die Angebote der Außenwelt in einen echten eigenen inneren Weg umzuwandeln, der dann auch Reifung und Wachstum der Persönlichkeit erlaubt. Die Jahre hinzubringen wie ein Geschwätz, macht um so betroffener, je später erkannt wird, wie sehr alles nur »Rolle« war und nicht eine eigene Identität, ein eigenes Ich, das sich hätte entfalten können.

Hinzu kommt, daß uns ständig eingeredet wird, wir machten von den zahlreichen angebotenen Glücksmöglichkeiten nicht den entsprechenden Konsumgebrauch oder wir erfüllten nicht ein mögliches Ideal der Perfektion, das durch aggressive Tüchtigkeit zu erringen sei. So beginnt der einzelne nicht nur unter den Ansprüchen der anderen zu leiden, sondern auch an der eigenen Begrenztheit, die den erweckten illusionären Ansprüchen nicht mehr genügt. Das Ich des einzelnen gerät dabei immer mehr in die Gefahr, sich selbst nicht mehr als eine Kontinuität von historischer und aktueller Identität zu erleben, sondern gleichsam als die Fortsetzung von jeweils entliehenen Ich-Formen der Anpassung, also als »Fortsetzungs-Ich« sich von einem Phantasieerlebnis zum anderen durch die Realität hindurchzutasten, ständig in Angst, mit der Frage konfrontiert zu werden: »Wer bist du eigentlich?«

Die scheinbare Freiheit der unbegrenzten Wahl erweist sich als innere Unfreiheit, solange keine wirksame Festigkeit gegen Manipulationen erworben wird, die das Ich schwächen und seine Entscheidungsfähigkeit – auch die moralische – konstant verringern oder zu korrumpieren versuchen. In diesem Ausgeliefertsein an den Wirbel der täglichen, unbestimmbaren Reize taucht jäh die Sinnfrage auf, sobald eine Konfrontation mit der Endlichkeit und dem Tode erfolgt. Wir haben uns schon an die Vergänglichkeit alles Materiellen gewöhnt, die sich an Autofriedhöfen, Wegwerfwäsche, Mülldeponien und vielen Zeichen eines provisorischen Lebens erkennen läßt, das allem Materiellen nur den Charakter des Konsumgutes zuschreibt. Aber wächst damit nicht auch die Angst des einzelnen, schließlich genauso ein Wegwerf-Gegenstand zu werden, abgenutztes Material im Produktionsprozeß, der institutionalisierten Zwängen folgt: ein Wegwerf-Mensch?

Die Sorge um die Identität, die Gewißheit der einmaligen Unverwechselbarkeit des eigenen Lebens bestimmt aber letztlich die Sinnfrage des Lebens als ein Werden vom Leben zum Tode. Wenn diese Strecke nur vom Zufall bestimmt ist, wenn die Auswechselbarkeit des einzelnen in Arbeit, Geselligkeit und Liebe zur Norm wird, dann gibt es außen keinen Halt mehr, an dem sich Leben und Entwicklung orientieren könnten. Die erste, wenn auch hilflose Abwehrbewegung gegen diese Angst wird eine verstärkte egozentrische Anspruchshaltung sein und eine Tendenz, sich anderer zu bemächtigen, um sie als Objekte eigener Zwecke nutzbar zu machen – ein Vorgang, den wir in der kommerziell manipulierten sexuellen Pseudo-Revolution als deutlichen Fluchtversuch erkennen. Das erzeugt Schuldgefühle, die die Angst eher vergrößern, aber es führt nicht aus dem Teufelskreis heraus, indem schließlich jeder jedem zum Objekt von triebhaften Bestrebungen der Selbstwertbestätigung wird.

Nun wissen wir aber seit langem, daß die Angst ein Signal für Verschiebungen des seelischen Gleichgewichtes ist, die durch unbewältigte Triebspannungen zustande kommen. Man kann – ähnlich wie der erwachsene Neurosekranke alle Ursachen für die eigene Unentschlossenheit und Selbsttäuschung auf die Eltern und deren Schuld verschiebt – auch alles Leiden, alle Versagungen und Verzichte und das Ausweichen vor der eigenen sozialen Verantwortung auf die Gesellschaft und die Herrschaftsverhältnisse abschieben. Das verhüllt aber nur neurotische Riesenansprüche und ist eher eine Angstabwehr, weil Ohnmacht erlebt, aber Macht erwünscht wird, die sich aus illusionären und häufig kindlichen Allmachtsphantasien herleitet. Das bewirkt weder eine Veränderung der Gesellschaft, noch verringert es die bestehenden, destruktiven Zerstörungstendenzen, solange nicht ein neuer Lernprozeß einsetzt, der die Wirklichkeit der Verantwortung gegenüber sich selbst mitberücksichtigt.

Diese Verweigerung des Lernprozesses ist wohl die eigentliche »Ver-rücktheit«, die uns schließlich zur kranken Gesellschaft werden läßt. Wir wollen mit den Einstellungen und

Haltungen von vorgestern die Probleme von übermorgen lösen, ohne uns selbst zu wandeln. Deswegen betreiben wir in hektischer Sucht immer neue technische Verwandlungen, um der Notwendigkeit eigener Veränderungen zu entgehen. Gerade diese neuen technischen Bedingungen erzwingen aber dann die vermiedene innere Änderung.

Die Zunahme der Hilfsbedürftigkeit, der Schrei nach sozialer Hilfe, die Zusammenbrüche und der Wunsch nach therapeutischem Verstehen kennzeichnen vor allem, daß weder der einzelne noch die tradierten Institutionen sich über die zu erstrebende Identität ganz sicher sind. Vielmehr spalten wir unsere Persönlichkeit heute in vielfache Rollen und Haltungen auf, die sich nicht mehr zu einem Ganzen fügen. Damit geht ein kontinuierlicher Sinn verloren, das Ganze verfällt an den Wirbel. Den Fragmenten stehen viele hilflos gegenüber, in der Hoffnung, daß therapeutische Hilfe diese neu zusammensetzt, gleichsam wie die Ersatzteile einer auseinandergefallenen Maschine.

Die Antwort auf die Frage an sich selbst: Wer bin ich, wo halte ich, wie weit bin ich mit mir selbst gekommen, welche Strecke bleibt mir noch, um ich selbst zu werden?, läßt viele Menschen vor allem deshalb verzagen, weil sie nicht mehr auf die Hilfe und Unterstützung des Nächsten rechnen können, der kein Nächster mehr ist, wenn er voller Schadenfreude sein Selbstwertgefühl am Scheitern des anderen stärkt. Vielmehr entzieht sich dieser Nächste aus Angst vor Entdeckung und mimt seine »Rolle«, wo eigentlich Beziehung, Vertrauen und Nähe erforderlich wären.

Prüft man nüchtern die große Zahl seelisch Erkrankter und Leidender, nicht allein nach den Kategorien psychiatrischer Diagnostik, so sind zwei Hauptbefunde feststellbar, die einander vertreten. Einmal besteht eine Art unkontrollierter Wucherung der Phantasie, die – auf kindliche Reminiszenzen und Ressentiments gestützt – auf vermischte Weise sexuelle Wünsche und Allmachtsvorstellungen aus einer egozentrischen Anspruchshaltung heraus nährt, ohne irgendeine Art der Selbstverwirklichung zu wagen, bis es schließlich zur Kompromißbildung in neurotischen Symptomen kommt. Diese schwanken zwischen halbem Ja und halbem Nein, um von allen Ansprüchen auf heimliche Weise unbewußt doch ein bißchen zu befriedigen, ohne daß daraus wirkliche Zufriedenheit entstünde. So wird schließlich die Wirklichkeit endgültig ausgeklammert, und die privaten Phantasien werden zur eigenen »Welt«.

Zum zweiten kommt es zu einer Art Verzagtheit, zu Selbstzweifeln, zwanghaften Selbstbestrafungstendenzen, allerlei Ritualen, Beschwörungen und einer durchgängigen Blockade jeglicher Selbstverwirklichungsmöglichkeit. Diese Entwicklung endet schließlich in einer Verliebtheit in das eigene Leiden als Ersatz für Leben und Erleben. Das Bedauern mit sich selbst wird zum Sinn und fragwürdigen Halt, mitunter durch irrige religiöse Begründungen verteidigt. Es bleibt eine Verweigerung des gelebten Lebens, aus der unbewußten Angst, nicht jene Perfektion zu erreichen, die ein aggressives, archaisches und unentwickelt gebliebenes Paragraphengewissen ständig fordert, dabei das Leben zerstörend. Sicher aber bestehen in beiden Richtungen Gewissenskonflikte, weil keine Entscheidung für eines der Lebensangebote getroffen wird.

Es klingt hart, daß hier eine Verweigerung erfolgt, wirklich zu leben. Diskutiert man die Möglichkeit der Schuld nicht weg, so wird auch in der verstehenden Haltung jedes Therapeuten ein Augenblick eintreten, in dem er seinem zögernden Patienten, nach Bewältigung der behindernden Kindheitsreste, sagen muß, daß es nun seiner eigenen Entscheidung und seines persönlichen Entschlusses bedarf, zu leben, und zwar anders zu leben als zuvor. Im Leben des einzelnen spiegelt sich aber nur, was sich, bis zur Groteske verzerrt, in unserer Gesellschaft abspielt: die immer wieder erneut verschobene Entscheidung und die verleugnete Verantwortungsbereitschaft. Verantwortung und Entschluß werden so lange fragmentiert, zerstückelt bis zur Unkenntlichkeit, bis niemand mehr mit den zerstörten Teilen etwas anfangen kann.

Man sollte daher die therapeutischen Möglichkeiten des um die Wiederherstellung der seelischen Gesundheit des einzelnen bemühten Spezialisten nicht überschätzen. Auch er selbst entrinnt den psychotischen und neurotischen Kollektivtendenzen nicht ohne weiteres, sosehr er sich dagegen zur Wehr setzen muß. Der Mut zum Aussprechen der Wahrheit, zum Hinweis auf die Verrücktheit liegt nicht jedem, zumal jede unangenehme Wahrheit sofort in Zweifel gezogen und abgewertet werden muß, um die unbewußten Widerstände gegen Veränderungen zu sichern. Wir leben in einer größenwahnsinnigen Selbstüberschätzung der technischen Möglichkeiten, der jede Frage nach der Wirkung von neuen Errungenschaften schon zuviel ist, weil sie angeblich den Fortschritt aufhält.

Zugleich kümmern wir uns wenig darum, neue Wege zur Entwicklung reiferer Persönlichkeiten und zur Stärkung des individuellen Ich zu finden. Statt die Anlagen der Menschen als soziale Wesen weiter zu entwickeln, huldigen wir unverändert der antiquierten Vorstellung des elitären einzelnen, dessen Tüchtigkeit ihm und anderen die Welt erobern soll. Den gerade dadurch mobilisierten Neid, den intensiven Haß der Rivalitätsgefühle, die Angst, zu kurz zu kommen, und die Tendenz zur Zerstörung aus Rache für vermeintliche Benachteiligung verleugnen wir dabei; aber niemand ist mit dem zufrieden, was er hat und was er bekommt, eben weil immer noch unendliche Möglichkeiten übrigbleiben, von denen der einzelne phantasiert, sie könnten vielleicht doch ein besserer Weg sein als der, den er eingeschlagen hat.

Die Art, wie wir für das Leben erziehen, macht krank, weil die Unterscheidungsfähigkeit zwischen Wirklichkeit und Illusion sich nicht mehr auf das Erlebnis stützt, sondern auf das Angelernte, das nicht mehr direkt erlebt werden kann. Die Fülle der vorprogrammierten, irrationalen Erlebnisangebote einer suggestiven Dienstleistungsindustrie verstärkt dann die Zweifel, ob Realität wirklich erstrebenswert sei und nicht Illusion und Unwirklichkeit als Erlebnis viel größere Befriedigungsmöglichkeiten vermitteln. So steht die Erlebnisgier dem Verzagen gegenüber, weil das Maß verlorengeht, das den Menschen als ein vernunftbegabtes Wesen ausweisen könnte.

Die psychotherapeutische Grundhaltung gegenüber solchen falschen Tendenzen hat zum Ziel, einen Lernprozeß in Gang zu setzen, der aus der privatisierten Phantasiewelt so weit in die Realität hinausführt, daß diese mit adäquaten Mitteln bewältigt werden kann. Auf keinen Fall wird irgendein Psychotherapeut von sich aus die Probleme seines Patienten lösen wollen – wenn er es versuchte, wäre es ein Kunstfehler, mit dem er den Patienten der Entwicklung seiner Selbständigkeit beraubt. Meist erfordert das zunächst eine Einsicht in die unbewußten Motive der Riesenansprüche und -erwartungen, eine Umkehr und Bescheidung und schließlich den Entschluß zum eigenen Leben anstelle einer entliehenen Identität, hinter der die kindliche Angst steht, die eine Entwicklung verhindert.

Dies sind einige Aspekte der sehr komplexen, individuell gewiß verschiedenen Ursachen für die zunehmende seelische Labilität und damit das Anwachsen neurotischer und psychotischer Erkrankungen. Wir müßten von vielen Seiten beginnen: Auf der Ebene der Erwachsenen werden gewiß viele Menschen direkter psychotherapeutischer oder psychiatrischer Hilfe bedürfen, weil sie wirklich krank sind. Eine viel größere Zahl aber braucht die Hilfe der sozialen Gruppe, um Eigenständigkeit und echte Identität gewinnen zu können, das heißt sich selbst zunächst so wahrnehmen und annehmen zu lernen, daß die Selbsttäuschungen sich verringern. Aus solcher Selbsterkenntnis durch die Antwort des anderen entstünde eine echte Fähigkeit, zu lernen und zu neuem Leben zu reifen, statt ständig die alten Zwänge und Gewohnheiten zu wiederholen. Auf der Ebene der Erziehung aber bedürfte es eines völlig neuen Ansatzes und der Entwicklung eines Problembewußtseins dafür, wieviel mehr Haltungen, Einstellungen und Verhaltensweisen des Erziehers zur Identifizierung des Kindes beitragen als etwa Worte oder rationales Wissen. Leben wird nicht daraus erlernt, was der andere über das Leben sagt, sondern aus dem, was vorgelebt wird. Dazu gehört die Entwicklung der Mitmenschlichkeit, die Bereitschaft, die Wirkungen, verborgenen Ziele und Inhalte menschlicher Interaktionen wahrzunehmen, und schließlich die Liebesfähigkeit, die uns nicht einfach angeboren ist.

Es gilt also, ein Maß wiederzufinden, das den Menschen nicht ausschließlich an seiner sozialen Rolle, seinem wirtschaftlichen Erfolg oder an seinen neurotischen Ansprüchen mißt. Der Verlust von Wertmaßstäben, die sich an innerer Reife und Entwicklung orientieren, bedroht unsere Freiheit mehr als jeder äußere »Feind«. Freiheit ist nur dort, wo wir uns selbst entscheiden, bereit, diesen Entschluß zu verteidigen. Es ist eine Freiheit, zu uns selbst zu finden, eine Freiheit, die wir nur dann erreichen können, wenn wir uns bemühen, uns selbst voll zu erkennen und innerlich so anzunehmen, wie wir sind. Erst dann können wir uns ändern, ohne neuen Selbsttäuschungen und Verführungen zu erliegen, die wiederum gerade jene Selbst-Entfremdung bewirken, an der wir leiden. Würden wir erkennen, wie sehr der »Gemütskranke« zugleich die Verlorenheit und Beziehungslosigkeit des einzelnen in der modernen Gesellschaft widerspiegelt, ohne dem Konflikt zwischen äußeren Zwängen und innerer Getriebenheit entrinnen zu können, so würde vielleicht manchem zu dämmern beginnen: Der einzige bleibende Wert des Menschen gründet in seiner Fähigkeit zur Liebe, was immer er auch erreichen mag. Nur die Angst, zu kurz zu kommen, »ver-rückt« dieses innere Maß dann, wenn wir ernsthaft glauben, daß Nehmen seliger sei denn Geben, wie es uns die ständige Berieselung mit Konsumzwängen glauben machen will. Es wird nicht leicht sein, diesen Irrtum einzugestehen, nachdem wir so stolz auf unsere Produktionskapazität sind und das »Bruttosozialprodukt« zum Fetisch gemacht haben. Aber nur der Mut, offen zu bekennen, daß der Versuch gescheitert ist, dem Menschen einseitig von ökonomischen und soziologischen Aspekten her zu einem besseren Selbstverständnis zu verhelfen, wird uns zu neuem Nachdenken darüber veranlassen können, was seelische Gesundheit ist.

Glaubwürdig leben

In fast allen Sprachen der Welt verbindet der Begriff Leben als Hauptwort wie als Tätigkeitswort eine Fülle von Lebenszusammenhängen, über die wir im Alltagsgebrauch der Sprache wenig nachdenken. Unsere Aufmerksamkeit heute richtet sich aber mehr und mehr darauf, *wie* wir leben und welche Schritte in unserem Leben seinen Ablauf zu welchem Ziel bestimmen. Wir sind umgeben von Leben, das uns täglich in der äußeren Natur erscheint: Menschen, Tiere, Pflanzen im Wachstum und Vergehen künden den Kreislauf allen Lebens wie die Gezeiten der Meere: Ebbe und Flut. Der unbändige Wille zum Leben läßt aber allzuleicht übersehen, daß menschliches Leben undenkbar ist ohne das Wissen um seine Begrenzung.

Erleben dagegen, in seiner Fülle und inneren Unbegrenztheit durch Zeit und Raum, ist etwas ganz anderes, nämlich die persönliche, unverwechselbare, ganz verschiedenartige Wahrnehmung der Ereignisse, die sich im Lebenslauf des einzelnen widerspiegeln. Je länger die Lebensstrecke sich ausdehnt, desto schwieriger wird es, alle Ereignisse und Erinnerungen voll zu übersehen. Dabei erfahren wir Leben zunächst als gleichsam von außen auf uns zukommend. Erlebnisse und lebendiges Geschehen vielfacher Art strömen ständig auf uns zu, und unsere fünf Sinne nehmen wahr, was um uns herum geschieht, während wir versuchen, die Fülle dieser Eindrücke ständig erneut in eine Ordnung zu bringen, die uns Verstehen ermöglicht. Allein eine Fahrt in der überfüllten U-Bahn beschert uns eine Fülle von verschiedenen menschlichen Gesichtern und Verhaltensweisen, die wir mit unseren Sinnen aufnehmen, zugleich aber mit bestimmten inneren Maßstäben der eigenen Lebenshaltung und Einstellung vergleichen. Einfacher gesagt: Manche Gesichter und Verhaltensweisen mögen wir, andere scheinen uns fremder.

Es gibt also zugleich ein inneres Leben, in dem wir Gefühle, Gedanken und Reaktionen erleben, die innen bleiben, weil wir keinen Grund sehen, sie zu äußern oder zu teilen. Dieses innere Leben bleibt nicht wirkungslos, sondern bestimmt vielmehr, was und wie wir Leben wahrnehmen oder uns selbst und mitunter auch andere, die von uns abhängig sind, über Lebenswirklichkeiten täuschen, die wir vielleicht nur ungern wahrhaben wollen. Unsere vorausgegangenen Lebenserfahrungen, unsere jeweiligen Lebensumstände, unsere hartgesottenen Vorurteile und unser Platz in der geschichtlichen Wirklichkeit von Raum und Zeit bestimmen bis zu einem gewissen Grade, was wir im Alltagssinne zu glauben bereit sind oder unglaubwürdig finden. Dieses alltägliche An-etwas-oder-jemanden-glauben-Können hat wenig zu tun mit Im-Glauben-Leben im religiösen Sinne. Schon die Sprache belehrt uns über die Unterschiede: »Er wollte mich glauben machen, daß ich gewinnen könnte«; oder der Ausruf: »Das ist doch kaum zu glauben« als Ausdruck der Empörung und »Ich glaube, es wird morgen regnen« läßt sich nicht vergleichen mit dem Glaubensbekenntnis an Gott. Dennoch messen wir, was des Glaubens wert ist, am Maßstab der Wahrheit im Wissen, daß menschliche Wahrheit begrenzt ist.

Ein anderer Beweis für die Unterschiede in Wahrnehmung und Erleben ist ein Haus. Ein Zimmermann, Handwerker oder Ingenieur mag die Festigkeit oder das mögliche Risiko der Konstruktion sehen. Für einen Physiker mag dieses solide Bauwerk ganz anders aussehen, nämlich wie ein schwirrender Bienenhaufen von umeinander kreisenden Atomen und Elektronen, die in dem verschiedenen Material höchst lebendig sind auf eine Weise, die nicht sichtbar wird ohne ein Elektronenmikroskop. Und wer das Haus bewohnt, dem ist es Heimat und Geborgenheit.

Wir beginnen zu sehen: Leben hat sehr verschiedene Tiefen und Einordnungsmöglichkeiten, obwohl wir alle in der gleichen Welt leben. Leben ist für unsere Wahrnehmung Dasein, Existieren, Lebendig-Sein, aber es wird verschieden erlebt in der jeweiligen Bedeutung seiner Entstehung, seines Zustandes, seiner Erhaltung, Bedrohung, Zerstörung, Dauer und Verlauf. Leben bedeutet auch hier und jetzt in dieser Welt sein. Aber was ist diese Welt? Ist es meine Welt, wie ich sie sehe, oder eine Welt, die ich mit der gesamten Menschheit teile, obwohl ich kaum wissen kann, wie diese anderen Milliarden Menschen in aller Welt leben, denken und fühlen?

Wir können uns freuen über unser Lebendig-Sein, und dennoch leiden wir vielleicht mitunter am Leben. Es kommt darauf an, wie wir leben. Dieses Wie gibt uns unendliche Möglichkeiten zum Guten, zum Bösen oder zur Gleichgültigkeit. Wir können unser Leben erfüllen oder verspielen, zweifeln oder glauben, glaubwürdig oder unglaubwürdig leben.

Es ist also nicht Leben schlechthin, das über Jahrtausende hin ohne uns bestand und weiterhin ohne uns bestehen und sich wandeln wird. Und dennoch sind wir ein winziger Teil dieses Lebens: Es ist dein und mein Leben, hier und jetzt, in dem wir uns fragen müssen: Wo bin ich angekommen? Wo halte ich? Was habe ich aus diesem mir anvertrauten Leben gemacht? Wie kann ich Verantwortung für dieses, mein einmaliges Leben übernehmen, wenn Zeit und Raum mir zugemessen sind und mir als einzelnem kaum noch viele Wahlmöglichkeiten bleiben, die nicht durch Gesellschaft, Politik und die Gesamtlage dieser Welt schon vorbestimmt sind?

Wenn wir gleichzeitig nach innen sehen, so ist die unendliche Fülle, die ein Menschenleben uns an Erlebnissen und deutlichen Zeichen zum Nachdenken und zur Besinnung beschert, kaum zu fassen. Dabei mahnt uns jede Stunde und jeder Tag, daß die Richtung dieser uns in Zeit und Raum gegebenen Lebensstrecke nicht umkehrbar ist. Zeit verrinnt ohne unser Zutun, aber sosehr wir an Zeit und Raum gebunden sind, so frei ist unser Geist und unser inneres Leben. Wir können ohne Mühe in jedem Augenblick unseres Lebens in unserer Erinnerung an viele Orte unseres Lebens zurückkehren und Ereignisse, Bedeutsamkeiten, Gespräche, Gedanken und Gefühle in voller Stärke wieder erleben, die wir vor langer Zeit an einem ganz anderen Ort erlebt haben. Wenn wir uns darauf besinnen, so sehen wir unser gelebtes Leben bis weit zurück in die Kindheit als einen Ablauf, in dem oft die Vergangenheit unsere Zukunftsentscheidungen bestimmt hat. Bestimmte Überzeugungen und Einstellungen lassen sich wie ein roter Faden über lange Strecken verfolgen, entweder weil wir die gleichen Irrtümer, Fehler und Versäumnisse immer wieder begingen, oder weil wir uns wandelten, indem wir

Schicksalsschläge, eigenes Versagen oder Lebensunbill durch andere als ein Zeichen verstanden, mit dem unser Schöpfer uns daran mahnte, daß sein Wille ein anderer war als der unsere. Sooft wir uns ein Bild von uns selbst zurechtmachen wollen, begreifen wir den Unterschied zwischen dem äußeren Lebensablauf und unserem inneren Erleben der verschiedensten Ereignisse als den deutlichen Unterschied zwischen unserer Selbstwahrnehmung und der Fremdwahrnehmung, nämlich wie andere uns sehen. Es ist dieser Unterschied, der oft die Menschenfurcht bestimmt, weil es uns kränkt, wenn unser Selbstbildnis nicht bestätigt wird.

Nun ist unser Leben begrenzt, und wir können weder seinen Beginn noch das Ende bestimmen. Das mahnt uns an unsere Geschöpflichkeit, so großartig wir uns selbst auch manchmal finden mögen. Jedem ist sein Leben gegeben, um an ein Ziel zu gelangen. Dieses Ziel hängt von Entscheidungen ab, die jeder Mensch für sich selbst auf vielen Stufen des Lebens erneut treffen muß. So wie wir die ersten Schritte im Leben nicht ohne die uns haltende Hand der Eltern erlernen können, müssen wir lernen, wie wir leben, im Wissen, daß es die gnadenvolle Hand des Schöpfers ist, die uns im Leben hält und unsere Schritte begleitet. Da sind viele Vorentscheidungen, die so alltäglich erscheinen, daß wir kaum noch darüber nachdenken. Menschliches Leben setzt sich fort durch Zeugung. In jeder Minute wird irgendwo in dieser Welt neues Leben geboren. Jedes neugeborene Kind ist aber bereits abhängig von einer Reihe von Fragen: Sind die Eltern verheiratet? War das Kind erwünscht? Können die Eltern die Verantwortung für die Erziehung und Unterweisung dieses Kindes übernehmen, oder bedürfen sie der Hilfe und Ermutigung anderer in der Familie, von seiten der Glaubensgemeinschaft, der Gemeinde? Wie steht es um die Gläubigkeit dieser Eltern, sind sie glaubwürdig im Versprechen zueinander? Sind sie in der Lage, die wichtigsten Schritte zum Leben so zu lehren, daß ihr Kind die Werte seiner Gesellschaft und Kultur erlernen und eines Tages in vielleicht reiferer Form an die nächste Generation weitergeben kann? Und schließlich: Wem gehört dieses Kind eigentlich: seinen Eltern, der ganzen Familie, sich selbst, der Gemeinde, dem Staat, der Gesellschaft, der Menschheit oder seinem Schöpfer, zu dem es am Ende zurückkehren wird?

Wir begreifen den Bereich vielfacher Bedingungen, die schon im Beginn über einen Lebensablauf und die Lebensziele eines neues Erdenbürgers entscheiden können, und welche Schritte in ein unbekanntes Leben möglich sind. Die entscheidende Frage für uns aber bleibt: Wird dieses Kind mit jedem Schritt in sein weiteres Leben aus einem Glauben leben können, der ihm die innere Sicherheit gibt, von Gott in diesem Leben gerufen zu sein: »Ich habe dich bei deinem Namen gerufen – du bist mein!« Oder wird die Selbstherrlichkeit, Selbstliebe und menschliche Größenphantasie zu einem Leben führen, das sich in der Anmaßung kindlicher Allmachtsvorstellungen hoch über seinen Schöpfer setzen möchte?

Bedeutet nun aus dem Glauben zu leben stets eine Garantie für ein glaubwürdiges Leben? Offenbar nicht, denn sonst gäbe es weder Verblendung noch Versuchung oder Irrtum im Leben, vom Zweifel als Kampf um innere Gewißheit, die Mut erfordert, ganz abgesehen. In unser aller Leben gibt es drei verschiedene Ebenen der Glaubwürdigkeit: Auf der ersten Ebene wissen wir etwas über uns selbst, von dem wir nicht unbedingt wünschen, daß andere in der Familie, im Betrieb oder in Freundschaften davon Kenntnis hätten. So möchten wir in der Beziehung zu anderen gerne ein Selbstbild aufrechterhalten, das uns gefällig und gut erscheinen läßt. Wir hoffen, auf diese Weise angenommen und geliebt zu werden, während wir vielleicht fürchten, abgewiesen, ausgeschlossen oder gar verstoßen zu werden, wenn unser im Inneren gehütetes Geheimnis bekannt würde. Wir wissen also um den Unterschied zwischen innen und außen, von dem unsere Glaubwürdigkeit abhängt. Aber warum sollten wir das anderen auf die Nase binden? Das trifft nun nicht nur für Politiker und Autoritäten zu, die gerne Versprechungen machen, wissend, daß sie nicht erfüllt werden können. Vielmehr erfährt jeder von uns diese schmerzliche Spannung, wie sie einst Friedrich Hebbel in sein Tagebuch schrieb: »Der ich bin, grüßt wehmütig den, der ich sein möchte!« Unsere Wirklichkeit bleibt halt oft hinter den Idealvorstellungen zurück, die wir für uns selbst als Maßstab errichten. Je nach der Empfindlichkeit unseres Gewissens bedrückt uns das. Einfacher wäre es, sich selbst die Frage zu stellen, ob solche Vollkommenheitsideale nicht gegen die gegebene Begrenztheit menschlicher Möglichkeiten verstoßen. Oft aber verfallen wir an solche überhöhten Selbstideale, weil wir im tiefsten Inneren etwas über uns selbst wissen, das wir beim besten Willen nicht gerne wissen wollen und immer wieder als unbequem wegschieben, indem wir solche Idealvorstellungen errichten. Das kann in verschiedene Richtungen gehen: In optimistischer Selbsttäuschung wachen wir vielleicht plötzlich an einem Alptraum auf, der uns schlicht und deutlich eine Botschaft vermittelt, die wir nicht hören wollten: So gut und prachtvoll, wie du zu sein glaubst, bist du halt nicht! Geh in dich und schau auf deine Glaubwürdigkeit. Du vergißt, daß Leben Reifung, Wandlung und Arbeit an sich selbst bedeutet.

Umgekehrt mag ein mit traurigen Selbstvorwürfen und sündigen Schuldgefühlen beladener Mensch, der sich ständig über seinen Unwert grämt, von einem lebensfrohen, farbigen Traum mit großem Glücksgefühl erwachen, das auch ihm eine Botschaft vermittelt, die er in eitler Selbstzerknirschung nicht hören wollte: Du bist nicht so schlecht und sündig, wie du glaubst. Mach dich nicht zu groß in deinen Selbstanklagen. Hüte dich, den Frohsinn des Lebens zu verachten, und lerne, dir selbst zu vergeben, wenn du wirklich an die Liebe und Vergebung deines Schöpfers glaubst. Überschätze deine Torheit nicht in ihrer Bedeutung.

Damit nähern wir uns der dritten Ebene, die weit über uns selbst und über unser irdisches Dasein hinausreicht: Es ist die Wahrheit über uns selbst, die nur einer wirklich kennt, der uns ins Leben rief und uns zu unserer Stunde abberufen wird, damit wir die Wahrheit erkennen. »Denn wir sehen jetzt nur mittels eines Spiegels in rätselhafter Gestalt, dann aber von Angesicht zu Angesicht. Jetzt ist mein Erkennen Stückwerk, dann aber werde ich völlig erkennen, wie auch ich völlig erkannt worden bin« (1. Korinther 13,12). Wir sind in der Welt, die wir uns selbst schaffen möchten, ständig der Versuchung ausgesetzt, vor der wir im Korintherbrief früh gewarnt wurden: »... Sei es Erkenntnis, sie wird abgetan werden ... Denn unser Erkennen ist Stückwerk ...« (1. Korinther 13,8.9).

Jene Stelle mahnt zu einer Bescheidenheit, die wir im Zeitalter der Weltraumeroberung vielleicht gar nicht hören, obwohl gerade die Unendlichkeit dieses Weltraums uns belehren müßte, wie begrenzt unser Erkennen ist. Steht aber diese Mah-

128

nung nicht im Widerspruch zu dem Wort von der Ebenbildlichkeit des Menschen, der aufgefordert ist, sich die Erde
untertan zu machen? Wir stehen vor einer Erneuerung unseres
Glaubensverständnisses, das jene Fragen dringlicher macht,
die unsere wissenschaftlichen Entdeckungen und technischen
Erfolge im Kampf mit der Natur täglich neu auslösen. Nehmen
wir einmal ein paar neue, scheinbar umwälzende Entdeckungen wie Weltraumflug, Computertechnik, künstliche Befruch-
tung, Reagenzglaszeugung oder biochemische Genforschung.
Niemand in dieser Welt hat je Leben erschaffen, das nicht
bereits da war. Niemand hat einen Weltraum erobert, der nicht
vor ihm da war und nach ihm dasein wird, ohne daß dieser
Raum jemals für unser Erkennen endlich sein würde, auch
wenn wir durch Millionen von Galaxien außerhalb unserer
Milchstraße und unseres Sonnensystems herumfliegen würden, was niemals, selbst innerhalb mehrerer Generationen,
gelingen könnte. Unsere Erkenntnis, um wieviel weiter sie
auch in vielen neuen Entdeckungen reichen mag, bleibt Stückwerk angesichts der unfaßbaren Größe der Schöpfung, für die
wir nach theoretischen Erklärungen suchen. Sosehr sich unser
Bedürfnis nach neuem Wissen entwickeln mag, Glaube ist
jenseits aller theoretisch intellektuellen Begründung über uns
selbst und diese Welt hinausreichend. Glaube ist die feste,
jeden Zweifel ausschließende Zustimmung zur geoffenbarten
Wahrheit Gottes aus freier Gewißheit des eigenen Willens. Es
ist allein die Autorität und Größe dieses Gottes, welcher wir,
auch gegen jeden Anschein, im Glauben vertrauen und der wir
uns in unbedingter Hingabe unterwerfen – eine freie und sitt-
lich bedeutsame Entscheidung des ganzen Menschen, ohne
Vorbehalt, die ihn auf jedem Schritt in seinem Leben begleitet.
Aus dem Glauben leben bedeutet für jeden sich frei entscheidenden Menschen nicht mehr und nicht weniger als sein freies
»Ja« als erste Antwort des Menschen auf die Offenbarung und
den Gnadenruf des Schöpfers aller Welten.

In unserer modernen Welt sind wir umgeben von vielen
offenen Formen und Tarnungen des Unglaubens – dem Ausweichen vor der vollen Erkenntnis der Offenbarung genauso
wie der Verweigerung jedes Gottesglaubens aus Gleichgültigkeit, Selbstüberhebung oder Verleugnung der Begrenztheit
menschlichen Daseins, in der sich der einzelne zum Irrglauben

an die eigene Allmacht aufwirft. Diese Anmaßung des modernen Menschen, kindlich rebellische Allmachtsvorstellungen zu verwirklichen, bringt jene Torheiten und Zerstörungsgelüste hervor, die wir in so vielen zeitgenössischen Symptomen erkennen. Anstelle falscher Duldsamkeit sollten wir den Mut haben, sie als das zu bezeichnen, was sie sind: Sünden der Auflehnung gegen Gott.

Überdenken wir nun für ein paar Augenblicke die wichtigen Schritte, die uns in ein anderes Leben führen können. Es beginnt oft damit, daß wir als Kinder belehrt werden: Gott sieht alles! Er ist allgegenwärtig. Sicher ist das eine ganz gute Hilfe für Eltern und Erzieher, die eben nicht immer überall sein können. Eine ganze Weile wirkt solche Belehrung auf unser kindliches Gewissen. Irgendwann aber, beim heimlichen Naschen oder später bei genauso heimlicher Lektüre unter der Bettdecke mit Hilfe der Taschenlampe und manchem anderen verborgenen Tun machen wir die Erfahrung, daß weder Donner und Blitz der Untat folgen noch daß irgend jemand ahnt, was wir über uns selbst wissen. Schon hier erweist sich, daß es die Verinnerlichung von Geboten und Verboten ist, die, ursprünglich von außen gegeben, zum Bestand eigener Grundsätze des Handelns und Lebens werden. Unsere Glaubwürdigkeit vor uns selbst hängt also von diesen inneren Entscheidungen ab, die wir in jeder Situation in direkter Beziehung zu unserem Glauben treffen müssen. Freilich wäre es vermessen, anzunehmen, wir hätten jene Vollkommenheit, auch der kleinsten Notlüge auszuweichen, entweder zum eigenen Schutz oder um einen anderen nicht unnötig zu kränken. Zugleich beginnt aber schon hier der Unterschied zwischen den zuvor erwähnten drei Ebenen der Wahrheit, nämlich was wir vor anderen verbergen möchten, was wir vor uns selbst verleugnen und vergessen möchten und was dennoch unveränderbare Wahrheit bleibt, auch wenn das Gedächtnis schließlich zugunsten meines Stolzes sanft nachgibt. Die innere Furcht vor der Entdeckung der Wahrheit bleibt, solange Glaube mir nicht vermittelt, daß meine Unvollkommenheit in vielen Dingen durchaus menschlich ist und von jener Vollkommenheit der Liebe und Vergebung abhängt, die mich in diesem Leben hält. Mancher macht es sich dabei zu einfach, indem er glaubt, daß Gott stets nur auf seiner Seite ist. Solche Selbstgerechtigkeit

verfehlt wirklichen Glauben genauso wie der moderne Vollkommenheitswahn, in dem ein mechanisches Maschinenmo-
dell auf den Menschen übertragen wird, so als seien Menschen
wie Roboter, die auf Knopfdruck funktionieren müßten. Wer
aber wäre nicht der pharisäischen Versuchung manchmal erlegen, über dem scharf kritisierten Splitter im Auge des anderen
den Balken im eigenen Auge zu übersehen?

Unsere Schritte ins Leben zeigen deutlich aufeinanderfol-
gende Abschnitte, in denen wir bestimmte Reifungsaufgaben
verwirklichen müssen. Es sind gleichsam Stufen des Lebens,
die wir oft mühsam erklimmen, nicht ohne die Gefahr, es
entweder an bestimmten Stellen nicht zu schaffen und trotz
ehrlicher Anstrengungen hängenzubleiben oder gar im mo-
mentanen Versagen unserer Kräfte einige Stufen oder Schritte
zurückzufallen, wo es bequemer zuging. Unserer Sicht
menschlichen Lebens liegt die Vorstellung zugrunde, daß wir
im Lebensablauf nicht nur körperlich wachsen und reifen wie
im ersten Drittel, sondern daß dieses Wachstum in unserem
Inneren zu größerer Reife führt, in der wir unsere Lebensziele,
unser Verhalten, unsere Gedanken, Gefühle und Handlungen
zunehmend in einer anderen Sicht wahrnehmen und besser
verstehen lernen. Leben als Wandlung zu einem Ziel, das,
ungewiß in Zeit und Raum, dennoch jene Gewißheit enthält,
dann von Angesicht zu Angesicht zu erkennen und erkannt zu
werden.

Auf der Stufe des Jugendlichen und jungen Erwachsenen,
der in die Welt drängt, mag solche Sicht noch weit entfernt
erscheinen. Und doch bestimmt der innere Zwiespalt zwischen
Gegensätzen schon hier spätere Entscheidungen des Glaubens
und der Glaubwürdigkeit. Auf der einen Seite besteht der
Wunsch, so lange wie möglich frei und ungebunden, ohne
vorzeitige Festlegung die Welt kennenlernen zu können,
Neues zu erobern und sich selbst zu erproben. Auf der anderen Seite wächst mit jedem Jahr die innere Bedrängnis, vielleicht den rechten Augenblick zum Absprung in ein erwachse-
nes Leben mit Bindungen und Verpflichtungen zu verpassen,
besonders wenn Gleichaltrige längst solche neuen Ordnungen
in ihrem Leben gefunden haben. Rebellion gegen jede Autorität schlechthin, Zweifel und Auflehnung gegen alles, was nach
Glauben oder Religion aussieht, flottes Leben, Unbekümmert-

heit und kaum zu stillende Vergnügungssucht sind oft Zeichen tiefer Unsicherheit. Die Unsicherheit verstärkt sich dann oft zu kindlichem Trotz, weil untergründig, entgegen aller bewußten Verleugnung, durchaus ein inneres Wissen darum besteht, daß ernstere Mühe um bleibende Echtheit und glaubwürdige Identität wichtiger sind als endlose Flucht in Illusionen. Das Erlernen echter Intimität, das heißt, sich selbst in einem geliebten Menschen näher zu kommen und sich im anderen verlieren zu können, um doppelt beschenkt zurückzuerhalten, was in liebender Nähe gewagt und offenbart wurde, ist gewiß mehr als sexuelles Experimentieren mit auswechselbaren Partnern, die zum namenlosen Funktionsobjekt primitiver Begierde werden. Nicht das sexuelle Handeln als solches wird zur Sünde, sondern die Ausbeutung und Erniedrigung des anderen Menschen zum Lustobjekt, das unbefriedigten Bemächtigungs- und Überlegenheitswünschen dient. Was wir heute mit dem Begriff der Drogenszene umschreiben, ist Ausdruck unbefriedigter Sehnsucht nach einem verlorenen Paradies und eine bewußte Verweigerung jener Schritte ins Leben, die Verzicht fordern, Ernüchterung und Abschied von kindlichen Phantasien verlangen und zu einem festen Entschluß der Verantwortung für die Zukunft aufrufen. Nirgends wird der Ruf unüberhörbarer als dort, wo Angst die Ohren verstopft und Flucht in von Drogen benebelte Unbewußtheit gesucht wird, die sich als Bewußtseinsveränderung ausgibt: »Adam, wo bist du?« ertönt dort lauter als anderswo durch den Nebel der Rauschhaftigkeit.

Hier bedürfte es neuen Mutes der Kirchen und Gemeinden, die wirkliche Not zu sehen, den Mangel an Vertrauen in die Führenden, der sich ebenso im blinden Gehorsam der Mitglieder mancher pseudoreligiösen Sekten und Kulte widerspiegelt, in denen es zur Vergötzung von Kultautoritäten kommt. Nur einige Male in der Menschheitsgeschichte entstand eine ähnliche Fülle der Wahlmöglichkeiten, in denen Wahl und Entscheidung für den einzelnen wirklich zur Qual wurden, so daß Flucht in Abhängigkeit leichter erschien. Merkwürdigerweise zeigen solche Umbrüche und Übergänge in ein neues Verstehen der Glaubensinhalte dann auch ein jähes Anwachsen von neuen Kulten und Absplitterungen.

Der endgültige Schritt in die Erwachsenenwelt, im Erstreben und Bejahen eines bestimmten Berufszieles, der Bejahung und Gründung einer eigenen Familie erzwingt die Notwendigkeit eines verläßlichen Lebensstiles und einer inneren Ordnung, die nicht einfach als bürgerliche Anpassung etikettiert werden kann. Vielmehr geht es dann um neue Entscheidungen des Glaubens und der inneren Glaubwürdigkeit. Zweifel und Furcht vor zu frühem Festgelegtsein oder Verlust persönlicher Freiheit wechseln für lange Zeit mit der Hoffnung auf tieferes Verstehen der Bedeutung von Partnerschaft und liebender Nähe. Was heute mit einem modernistischen Schlagwort als »mittlere Lebenskrise« plakatiert wird, ist mehr als die Auseinandersetzung mit persönlichen Unstimmigkeiten oder Befürchtungen zu altern. Übrigens besteht keinerlei Verpflichtung zu solcher Krise! Wer sie vermißt, sollte nicht danach suchen. Es geht auch ohne Krise! In Wirklichkeit handelt es sich eher um einen Übergang in eine höhere Stufe persönlicher Glaubensentscheidungen. Viele Menschen der mittleren Jahre scheuen dann zurück, weil plötzlich die Glaubwürdigkeit des bisher gelebten Lebens fragwürdig wird und ernster Korrektur bedarf. In der Mitte des Lebens wird allein an der Zahl der Jahre, am Alter heranwachsender Kinder und der eigenen Eltern genauso wie am Tod gleichaltriger Freunde oder alternder Lehrer die Begrenztheit des menschlichen Lebens deutlicher. Sterblichkeit erscheint wirklicher als zuvor, wenn die verbliebene Lebensstrecke zunehmend kürzer wird als die zurückgelegte. An der Oberfläche erscheinen dann Fragen wie: »Ist das wirklich alles? Wie bin ich hierher gekommen? Ist das wirklich, was ich ursprünglich wollte? Wie geht es weiter? Was kann ich noch erreichen? Welchen Preis habe ich bezahlt? Läßt sich Versäumtes gutmachen, nachholen? Was bleibt? Was ist der Sinn dieses Lebens?«

Mit dieser Frage erweist sich, daß es um eine tiefere Entscheidung reiferen Glaubens geht, denn mit dem unausweichlichen Erkennen der Hinfälligkeit und Sterblichkeit des Leibes verbindet sich die Frage: Und was ist danach? Tod läßt sich dann nur begreifen als zum Leben gehörig, als das allmähliche Verlassen früherer Lebensräume, ein stilles Sterben abgelebter Vergangenheit, das nur Erinnerung bleibt. Zugleich aber ergeht die Aufforderung zu neuem Leben, neuem Sehen und Begreifen, zur Wandlung des allzusehr in Gewohnheit Erstarrten, ein Aufbruch zu Neuem, Unbekanntem, der neues

Wagnis erfordert, den Mut zur Hingabe an einen göttlichen Willen.

Vielleicht ist dieser Schritt im Leben am ernsthaftesten in der Entscheidung zum Glauben. Gerade an dieser Stelle begegnen wir so vielen Fluchtversuchen in Betäubungen aller Art, vom Alkoholismus, sexuellen Exzessen bis zum Davonlaufen und Ausweichen vor Lebensverpflichtungen, Rückfälle auf frühere, unreife Lebensstufen, Angst, zuviel vermißt oder entbehrt zu haben, was an falscher Stelle nachzuholen versucht wird, bis hin zum verzweifelten Wegwerfen des eigenen Lebens im Selbstmord, um dem Anruf zu entrinnen, der dennoch Hoffnung verheißen würde, wenn Glaube zur Wirklichkeit auf dieser Stufe werden kann. Oder wir finden das Klebenbleiben an selbstgefälliger Eitelkeit und hohlem Stolz auf Erreichtes, das keinerlei wirkliche Bedeutung für innere Glaubwürdigkeit mit sich bringt. Die Lautheit modernen Getöses in allerlei Maskeraden des Lebens soll den Anruf der unüberhörbaren Stimme übertönen: Wo bist du in deinem Leben?

Dieser Anruf bleibt die bedeutsamste Glaubensfrage im jähen Begreifen, daß Leben lernen niemals endet, weil jedem ein Auftrag gegeben ist, der erfüllt werden muß. Die Einsicht, daß dieser Auftrag nicht notwendigerweise dem entspricht, was wir uns da selbst zurechtgemacht haben, macht uns deutlicher, daß jene Prüfungen im Leben, die wir nun ganz modern als Frustrationen oder Streß plakatieren, uns auf eine ganz andere Meinung unseres Schöpfers hinweisen. Wenn wir wirklich hinhören würden, ließe sich die Gelegenheit zur Wandlung erkennen, die unser Stolz oder unsere Selbstgefälligkeit eigener Vorstellungen zuvor verdeckte.

Es gibt zu viele Zwischenstufen und bedeutsame Schritte im Ablauf unseres Lebens, um alle Einzelheiten in ihrer täglichen Nähe zu inneren Glaubensentscheidungen beschreiben zu können. Auf dem letzten Teil der Lebensstrecke aber bedarf es des vollen Verstehens, der inneren Annahme des Gelebten ohne Ausweichmanöver oder Beschönigungen und der Aussöhnung mit uns selbst und dem gelebten Leben, an dem nichts mehr zu ändern ist. Wohl aber ließe es sich dann auf neue Weise verstehen, wenn wir uns der Mühe unterziehen, vergangene Entscheidungen daraufhin zu überprüfen, wie weit sie vom Glauben getragen wurden oder in der Angst der Kleingläubigkeit durch Mangel an Gottvertrauen uns gerade dann in die Irre führten, wenn wir glaubten, besonders schlau und weise zu sein.

Friede des Herzens und jenes ruhige Gottvertrauen, in dem jeder verbleibende Tag zu einem unendlich kostbaren Geschenk der Gnade wird, läßt sich nur dann finden, wenn wir mit Gott ins reine kommen und seine Wege zu verstehen beginnen. Dazu gehört der Mut, an vergebende Liebe glauben zu können und echte Schuld zu bereuen. Was immer wir an Groll, Trübsal, Unglück, Haß oder Selbsthaß und Selbstliebe als Lebensgepäck mit uns herumgeschleppt haben, weil wir uns nicht davon trennen konnten, verblendet durch die eigene Bedeutsamkeit – es wird abgetan werden. Jenseits dieser Erfahrung wird uns ein letztes Begreifen zuteil: Herr, ich bin bereit! Es ist diese Bereitschaft in unserem Inneren, vom Anbeginn unseres Verstehens der Welt und unseres Selbstverständnisses unumkehrbar auf jenen letzten Schritt hin ausgerichtet zu sein, der uns die Kraft zur Selbstbeherrschung und die Fähigkeit zur Liebe gibt, weil wir geborgen sind in der größeren Liebe, die ohne Furcht ist. Es ist die Bereitschaft zur Umkehr auf jedem Wege, wenn unsere Schritte ins Leben in die falsche Richtung abirren von dem, was wir als recht erkannt haben.

Gibt es Rat und Unterweisung für den Suchenden, Zweifelnden, der bänglich vor den nächsten Schritten zaudert? So verschieden und vielfältig die Antwort für den einzelnen in seiner Lebenslage aussehen mag, wenn es um glaubwürdig gelebtes Leben geht, gibt es eine sehr einfache Antwort: Wem es gelingt, jeden Morgen sich selbst die stille Frage zu stellen: Wo bin ich, wohin gehe ich, was ist mein Ziel? und sie klar zu beantworten, dem würde manches einfacher erscheinen als dem übereifrigen Flugzeugpiloten, der dem Kontrollturm mitteilt: Ich habe keine Ahnung, wo ich bin – kein Grund zur Beunruhigung, denn meine Maschine kommt großartig vorwärts auf der Zeitstrecke.

Dazu gehört die gleiche Frage an jedem Abend: Stimmt das, was ich heute gelebt habe, mit dem überein, was ich glaube? Kann ich vor Gott und mir selbst bestehen? Aus welchen Versäumnissen und Fehlern muß ich lernen und erkennen, welche Botschaften mir zugedacht sind? Dazu gehören freilich Mut und Bemühung. Aber vergessen wir nicht allzuleicht in unserer auf Sofortbefriedigung jedes Wunsches bedachten Gesellschaft, daß es »Mühe und Arbeit« sind, die uns verheißen wurden, nicht Rausch, Lust, Vergnügen, leerer Zeitvertreib, Dolce vita oder Drogen-Nebel? In der Umkehr zu einem neuen Begreifen und mutigen Verwirklichen der einfachen Grundregeln menschlichen Lebens: Glaube, Treue, Mut, Sorge, Wirklichkeitssinn, Hoffnung und Liebe wird gelebtes Leben zum Bekenntnis und glaubwürdigen Vorbild für jene, die in verzweifelter Suche nach einem Halt Gott verloren haben und unserer lebendigen Zeugenschaft bedürfen.

Furcht ist nicht in der Liebe, denn jeder Schritt in ein Leben im Glauben wird zum Zeugnis der Sehnsucht alles Lebendigen: Näher mein Gott zu Dir. Mein Herz ist unruhig, bis es ruhet in Dir.

Einsamkeit ertragen

S chon die Sprache verweist uns darauf, daß Einsamkeit sich von Allein-Sein unterscheidet. Einsamkeit verweist stets auf andere, mit denen ich Zweisamkeit, Gruppe oder Gemeinschaft teilen kann oder muß. Letzteres kann mich zum Rückzug auf mich selbst veranlassen, zur Absonderung, Abtrennung oder Ablösung von anderen – aus Enttäuschung, aus unerfüllter Sehnsucht, in der Hoffnung auf Besseres, aus Gründen eigenen oder fremden Versagens, weil ich mir alles ganz anders vorgestellt hatte. Mein Stolz kann zum Hindernis werden, wenn ich als Objekt einer unechten Zweisamkeit mißbraucht werde, wie dies so häufig in der Verwechslung von Sexualität und Liebe geschieht.

Aber ich erlebe Einsamkeit als Verlust dessen, was war oder was ich erhofft hatte, stets bezogen auf geliebte oder aus Liebesenttäuschung gehaßte Menschen. Das Ideal der Zweisamkeit, die Liebe, die Freundschaft, hat sich dann nicht so erfüllt, wie ich es erwartete, aber gerade dadurch ist mein Einsamsein rückbezogen auf die Sehnsucht nach Zweisamkeit. » . . . aber es wird mir zugleich klar, daß es wirklich verschiedene Einsamkeiten gibt, ja daß einem jedem Freund gegenüber eine neue Einsamkeit inne wird, deren schwarze Gewässer eben vom Licht dieses neuen Leuchtturms bestrichen werden« (Hugo von Hofmannsthal, Tagebuchnotiz).

Einsamkeit ist Leid, wenn Schicksal und Tod uns abtrennen von geliebten Menschen, von der erlebten, erfüllten Zweisamkeit. Wir haben den Verlust nicht verschuldet. Dennoch mag uns in der Unmöglichkeit der Wiederkehr des Geliebten manches Versäumnis bewußt werden. Auch dies verweist uns auf Liebe, nur verlagert sich das Gewicht diesmal nach der anderen Seite. Während wir in der selbstgewählten Ablehnung die auslösende Ursache der Einsamkeit in das Handeln des anderen verlegen, der uns vermeintlich verlassen hat, um uns selbst zu entgehen, konfrontiert uns die Endgültigkeit des Todes mit uns selbst und den eigenen Versäumnissen. Sie werden leicht zur Pein der Einsamkeit, wenn wir unfähig sind zu erkennen, wie sehr liebende Zweisamkeit über den Tod hinausreicht.

Es ist »der andere in uns«, der da ist, mit dem wir uns entweder auseinander-setzen oder zusammen-finden können. Was Freud als »Trauerarbeit« bezeichnet hat, ist die Fähigkeit, den inneren oder äußeren Verlust dadurch zu überwinden, daß der (oder das) Verlorene zu einem lebendigen inneren Bestandteil unser selbst wird. Der andere verblaßt nicht in der Erinnerung, da sie zeitlos ist und über die Grenzen des Todes hinausreicht. Vielmehr wird alles, was wir ihm und der Beziehung zu ihm verdanken, nur dann für uns selbst fruchtbar, wenn es in uns lebendig bleibt und nicht abstirbt. Auch wenn wir uns Neuem und Anderem zuwenden, so nicht, um der Einsamkeit zu entfliehen – solche Flucht führt unweigerlich zur Ent-Täuschung, weil sie eine Selbst-Täuschung enthielt –, sondern um Zeugnis geben zu können von erlebter Zweisamkeit, die sich neu, auf andere Weise, in anderen Formen der Liebe erfüllt.

Es gibt ein selbstgewähltes Schicksal des Alleinseins, weil keine tragende, dauerhafte Brücke zu anderen entsteht. Lieben heißt im Grunde, sich einem anderen offenbaren können. Mißtrauen und Schweigen entfernt uns von anderen und von uns selbst. Es wird zum Käfig. Zum Gefängnis wird es dann, wenn wir an uns selbst schließlich Genüge finden, weil es schmerzloser und als geringeres Wagnis erscheint, sich selbst zu lieben und darin Befriedigung zu finden. Das schließt oberflächliche Sozialbeziehungen nicht aus, weil wir dort nur eine angenommene Rolle spielen, die mit uns selbst oft nur wenig zu tun hat.

Alleinsein kann zur Gewohnheit werden, weil entweder niemals jene frühe, vertrauende Geborgenheit liebender Zweisamkeit zwischen Mutter und Kind erfahren wurde, oder aber umgekehrt, weil im Vergleich mit diesem ursprünglichen Glück der tiefen, unbewußten Bindung an die erste Gestalt der Liebe, die Mutter, nichts im Leben mehr standhalten kann, kein Geliebter, keine Ehefrau, kein Mann. Felix Schottlaender hat »die Mutter als Schicksal« bezeichnet, weil sie, ohne es direkt zu wollen oder zu wissen, spätere Gefühlserlebnisse des

Allein- und Verlassenseins, der Einsamkeit und des Verlustes prägt. Auch wenn wir uns als Erwachsene kaum daran erinnern können, hier liegt der tatsächliche Ursprung dessen, was wir als Einsamkeit und unbeschreibbares Gefühl erleben.

Diese Prägung läßt sich nur überwinden, wenn wir erkennen, wie sehr im Gefühl der Einsamkeit die Sehnsucht nach einem verlorenen Paradies unsere Wünsche, Träume und Phantasien von Glück und Zweisamkeit bestimmt, obgleich eine Rückkehr in dieses Paradies niemals mehr möglich ist. Die Selbstmordrate in den hochzivilisierten Kulturen ist seit vielen Jahren in stetigem Anstieg begriffen. Eine der Hauptursachen ist die Hoffnungslosigkeit des Sichverlassenfühlens. Die statistischen Daten zeigen an zwei entscheidenden Übergangsstellen eine deutlich überhöhte Kurve: im Entwicklungsalter und an der subjektiven Grenze zum Älterwerden. Das läßt erkennen, in welchem Ausmaß Identität, menschliche Beziehungen und Sinnerfüllung in diesen beiden Lebensabschnitten zweifelhafter sind als im übrigen Lebensablauf, mitbedingt durch krisenhafte Zuspitzungen im individuellen Schicksal.

Alleinsein – »von allen guten Geistern verlassen« – ist die Aussichtslosigkeit, der Verlust der fundamentalen Hoffnung, jemals Gehör, Beziehung oder Zweisamkeit finden zu können. Das kann gelegentlich auch die gewollte Abtrennung aus Zweisamkeit oder Gemeinschaft sein, wenn Einsamkeit selbst gewählt wurde aus Entfremdung. Was immer das Motiv für einen solchen vorübergehenden Schritt sein mag, er ist zeitbegrenzt und stets auf mögliche Rückkehr zum anderen bezogen.

Anders im Alleinsein, das aus einem Mangel an je erfahrener Zuwendung entsteht. Die Fülle der Einzelschicksale, die wir in unserer Umgebung beobachten können, würde uns stets auf den Lebensablauf des einzelnen verweisen, ohne den wir weder Einsamkeit von Alleinsein unterscheiden noch Handlungen und Motive verstehen könnten, die das eine oder das andere überwinden sollen. So versucht etwa der gesellige Mensch, der Kontakt und Beziehung sucht, den einsamen Menschen zu vermeiden, ebenso wie den allein sich verlassen Fühlenden, weil beide ihn mit einem verborgenen und verleugneten Anteil seiner selbst konfrontieren, von dem er nichts wissen will. So entsteht leicht die Betäubung, die Flucht aus der Unerträglichkeit des Einsamseins in das allgemeine Getümmel und Geschwätz, in die Leere des Mit-allem-und-nichts-Sein, um sich selbst zu entrinnen; aber zugleich bleibe ich dabei auch selbst alles und nichts.

»Einsam bist du sehr alleine, – und am schlimmsten ist die Einsamkeit zu zweit.« Erich Kästner trifft den entscheidenden Punkt der Selbsttäuschung, von der unsere Epoche mehr beherrscht wird als andere zuvor: »Schenkst dich hin. Mit Haut und Haaren. / Magst nicht bleiben wer du bist. / Liebe treibt die Welt zu Paaren. / Wirst getrieben. Mußt erfahren, / daß es nicht die Liebe ist.«

Die Sehnsucht nach einer unechten Zweisamkeit läßt das Alleinsein schmerzlicher bewußt werden, wenn die Realität so fern und verschieden von Vorstellungen, Wünschen und Träumen ist, daß wir sie nicht mehr ertragen können. Das Sichvergessen besagt jedoch, daß ich selbst es bin, der im Rausch, in der Betäubung sich selbst entrinnen will zu einem anderen – ohne Liebe.

Die persönliche Einsamkeit des einzelnen erscheint in ganz anderem Licht, wenn wir die sozialen Bedingungen kritisch betrachten, die den häufigen Rückgriff (Regression) vieler Menschen auf eine durchaus kindliche Erlebnisebene der Gefühlserwartung in modernen technischen Kulturen verursachen. Das Übergewicht kognitiver, intellektueller Erziehung hat uns völlig vergessen lassen, daß zwischen Wissen und Sein Zusammenhänge bestehen, die nicht willkürlich getrennt oder verschoben werden können, ohne ernsthafte Gefahren für die Stabilität seelischer und geistiger Gesundheit großer Massen hervorzurufen.

Das stellt nicht nur den Kirchen eine völlig neue Aufgabe, deren Führer in die Gefahr geraten, einsame »Manager« und »Funktionäre« zu werden, nur noch durch Ideologie oder Selbst-Image von ihren politischen und weltlichen Widersachern unterschieden, sondern es bedürfte einer Revolution der Erziehung und des Zusammenlebens. Wir verursachen und konditionieren Einsamkeit durch Bedingungen, die wir selbst schaffen, um uns dann erschreckt zu Opfern der Umstände zu erklären, die wir selbst unterhalten – in der Angst, Verluste zu erleiden. Wir verweigern aber die Verantwortlichkeit für das Entstehen dieser Bedingungen und flüchten vor der Einsicht, daß Liebe eine konkrete Forderung ist, die von jedem selbst erfüllt werden müßte, ohne daß er dabei auf Gegen-Liebe zu hoffen berechtigt wäre.

Der Mut, sich selbst zu wagen, sich neuen Bedingungen auszusetzen, die Wandel fordern und inneres Wachstum fördern würden, scheint nur noch wenige beflügeln zu können. In einer gegen jedes Risiko versicherten, wassergespülten, weißgewaschenen Computerwelt gibt es weder Sünde, deren Preis nicht schon vorausberechnet wäre, noch unkalkulierbares Risiko. Erlebnis, Meinung und Standardverhalten der Persönlichkeit sind vorgeprägt – selbst dort, wo sie als Gegen-Kultur besonderen Riten, uniformer Attitüde und genauso gelenkten Trends eines Gegenmarktes folgt.

Müßten wir nicht gerade zum Erlernen jener Einsamkeit erziehen, in der die Zweisamkeit als ihr entscheidender Inhalt erst bewußt wird? »Im Grunde ist der Mensch in allem allein.« Das ist nicht nur enttäuschte Resignation, sondern Verleugnung der Liebe. Das erbärmliche Geschwätz über die »funktionale Liebe«, deren Verhalten an Konstruktionen erotischer Ingenieure erinnert, nährt nur den Größenwahn des Zeitgenossen, der gerne vergessen möchte, daß er selbst keineswegs das Ergebnis eines technischen, biologisch-chemischen Vorgangs der Zellteilung ist, sondern ein einmaliger, zu einem bestimmten Lebensablauf aufgerufener Mensch, der in seinem ureigenen Bereich verantworten muß, was er mit sich und anderen tut – begnadet mit der Möglichkeit, Irrtümer und Fehler zu begehen, sich und anderen Schaden zuzufügen und dennoch gehalten zu sein in dieser Welt bis zum letzten Atemzug. Auch wenn ihm dann erst in diesem Augenblick voll bewußt werden sollte, daß nicht er selbst es ist, der Leben oder Tod je hätte allein bestimmen können, bestände noch die Möglichkeit des Besinnens und der Vergebung.

Die Gottferne ist es, die hinter der Unfähigkeit zur Liebe im Alleinsein steht. »Von Gott und allen guten Geistern verlassen«, hieß es ursprünglich, bevor Gott vorsichtshalber aus modernen Rücksichten in diesem Satz ausgelassen wurde. Diese Einsicht ist keineswegs »Opium fürs Volk«, sondern ihre Wirklichkeit erweist sich an der täglichen Schwierigkeit, den Nächsten zu lieben – nicht einmal mehr, sondern nur genauso wie mich selbst. Der Mut, zu sein, was ich bin, in der einzigartigen historischen und aktuellen Identität des mir gegebenen Lebens, das Wagnis, mich selbst anzunehmen mit allen Schwächen, Ängsten, Fehlern, begangenen Versäumnissen und Unvollkommenheiten, befähigt zur Liebe, weil nur der einsame Glaube an größere Liebe, die einen Sinn aller Wege und Umwege bestimmt, mich schließlich erkennen läßt, daß dieses einmalige Leben nicht als Berechtigung zur Frage, sondern als Möglichkeit der Antwort mir zugedacht ist. Nur dieser Mut zur Antwort – wie immer sie sei – befähigt dann, Einsamkeit zu überwinden, ohne dem kindlichen Wunschtraum zu verfallen, Vereinigung und liebende Rückkehr zur Quelle des Ursprungs sei möglich.

Gewiß, die Rückkehr zur »Mutter Erde« ist oft symbolisch so interpretiert worden, als kehre der Mensch im Tode in den Schoß der »großen Mutter« zurück. Aber wem hilft eine solche Symbolik, wenn er allein in seinem Mietappartement sitzt oder, schlimmer, gemeinsam vor dem Fernsehschirm versucht, dem Gefühl der großen Leere und Unerfülltheit zu entrinnen, um sich seine Einsamkeit nicht eingestehen zu müssen? Bedürfte es nicht des Mutes, zu bekennen, sich dem Nächsten zu offenbaren, ihm Nähe zu geben und ihn einzuschließen in eine Liebe, die uns alle hält, auch wenn er zunächst voller Angst die Flucht in Konventionen, Formel, Distanz und Abwehr ergreift?

Haben wir noch den Mut, dieses Wagnis zu begehen? Keineswegs durch Bibelzitate, Predigten oder Überzeugungsversuche, die mehr unserer eigenen Beruhigung und Gewißheit dienen sollen, zu den Auserwählten zu gehören, sondern schlicht sein, was ich bin, um ein anderes Sein wahrzunehmen, ohne es sofort in die vorhandene innere Registratur einzuordnen und es so loszuwerden. Die Unerfülltheit des Miteinanderseins, die Einsamkeitsgefühle hervorruft, beruht fast immer auf der überhöhten Erwartung, zu empfangen, ohne geben zu müssen.

Der Übergang vom Jüngling zum Manne erfordert die Wiederholung von Ablösungsprozessen, die sich viel früher unbewußt bereits mehrfach vollzogen und uns auf die eine oder andere Weise vorgeprägt haben. Jähe Gefühle der Einsamkeit sind uns in diesem Alter genauso vertraut wie etwa die Flucht nach vorwärts in überaktive Gruppen und Cliquen oder die

Umkehr in misanthropen, pessimistischen und lähmenden Weltschmerz, der doch heimlich die Einsamkeit genießt, als sei im Grunde die ganze Welt daran schuld, daß sie nicht nur ständig Milch und Honig bereithielte, wie man dies erwartet hatte.

Am anderen Ende der Skala, im Alter, wird dagegen die Bedeutung dieser sich auf der Lebensstrecke immer von neuem wiederholenden Ablösungsprozesse und Einsamkeitsphasen klarer, nicht weil dies eingeübt wäre, sondern weil das Ziel sichtbarer wird. Die Strecke des Lebens ist durchmessen, die bange Frage nach der verbleibenden Zeit schon lange vorher gestellt. Abschied, den wir tausendmal erlebten, beglückt über sichere Wiederkehr und neue Begegnung, wird zur Gewißheit des unausweichlich heraufdämmernden, jedoch unbestimmten Endes. Freunde haben uns verlassen, Nächste sind gestorben, der Kreis wird allmählich enger, wir lösen uns nicht ab, sondern wir werden abgelöst. Wir erscheinen denen, die uns umgeben, weiter entfernt, weniger aus eigenem Wunsch als aus Fremdheit, Entfremdung und Mangel an Wissen der anderen über unsere eigene historische Welt der Vergangenheit.

Andere Maßstäbe, andere Bedeutsamkeiten bestimmen eine Welt, die anders erschien, als wir unseren Weg in den gleichen Altersstufen zu erkämpfen suchten. Das Ziel – das Ende jener unbestimmbaren Strecke zwischen Geburt und Tod, angefüllt mit dem Unfaßbaren und der Fülle alles Erlebten – rückt uns näher. Es gilt Abschied zu nehmen und sich darauf vorzubereiten, um nicht mitten in törichter Selbsttäuschung und selbstgefälligem Unsterblichkeitswahn jäh gestellt zu werden.

Aber ist dies Einsamkeit? Blieb jene kindliche erfüllbare Sehnsucht bestehen, oder können wir uns selbst, andere und alles, was in unserem Lebensablauf geschah, als diese einzige und einmalige, unverwechselbare Identität annehmen – oder befällt uns Verzweiflung angesichts der verfehlten, vergeudeten Zeit, in der wir nie wirklich wir selbst waren, aus geliehenen Rollen lebend oder hinter der Maske des Geschwätzes das Elend mühsam verbergend?

Eines der ernsthaftesten psychosozialen Syndrome, das nur noch dem *voodoo-death*, dem Tod aus seelischer Ursache bei

Primitivvölkern, ohne jeden klinischen Krankheitsbefund vergleichbar ist, zeichnet sich in unseren modernen Kulturen mit einer erschreckenden Deutlichkeit ab, enthüllt aber zugleich auch unsere Unfähigkeit, andere aus Einsamkeit zu erretten. Im Syndrom des *given-up/giving-up* (des Aufgegebenseins und Aufgebens), das heißt, wenn berufliche oder persönliche Umweltbeziehungen eines Menschen einschrumpfen und er von anderen aufgegeben wird, so stirbt er, häufig durch Selbsttötung, nicht selten aber auch durch eine »klinisch« nicht erklärbare plötzliche Erkrankung, die normalerweise nicht zum Tode geführt hätte. Die Ausweglosigkeit dieser Situation – nicht selten bei zuvor durchaus Erfolgreichen – wird meist nicht erkannt, am wenigsten in Ehen, in denen der Partner überwiegend mit sich selbst und den eigenen Ängsten beschäftigt ist oder den zuvor erfolgreichen Partner nur für sich ausgebeutet hat.

Das Wagnis neuen Lebens erscheint in einer solchen Lage nicht mehr möglich, entweder weil die Strecke zu kurz ist oder die Unentrinnbarkeit der Konflikte lähmende Aussichtslosigkeit vermittelt. Auch ohne Selbsttötungsabsicht endet ein solches Leben oft jäh und unerwartet, weil die Umgebung nicht nur die mangelnde Stützung verleugnet, sondern dazu beiträgt, daß der Aufgegebene sich selbst aufgibt. Die Einsamkeit ist verursacht durch Achtlosigkeit. Dies entspricht bestimmten Familienstrukturen, in denen einzelne Mitglieder ausgestoßen werden, damit die anderen ihre egoistischen und krankhaften Züge behalten können.

Einsamkeit, die wir erleben, ist ein Anruf. Uns wird die Frage gestellt, ob wir die Unumkehrbarkeit des Lebensablaufes verstanden haben und in jedem Abschied, in jedem Verlust schmerzlich begriffen, wie sehr es unserer eigenen Liebe, des eigenen Gebens, eines Sich-Hingebens an das Leben, an die Freundschaft, an die Zweisamkeit, an den Nächsten bedarf, um zu antworten. Die Summe dieser Antworten bestimmt unser Leben. Je nach der Art unserer Antwort werden wir die Einsamkeit als Geschenk erleben, wenn sie uns dort zu uns selbst führt, wo wir mit anderen eins waren und nicht uneins mit Gott. Im Augenblick des Bewußtwerdens der Einsamkeit befinden wir uns zwischen Vergangenheit und Zukunft. In der Stille des Betroffenseins steht die Ewigkeit plötzlich senkrecht auf der Zeit. Allgegenwart wird spürbar, weil Vergangenheit unauslöschbar und Zukunft unentrinnbar ist.

Die Antwort auf die Frage »Wo bist du?« bestimmt die Entscheidungen unserer Gegenwart, aber sie kann nicht anders ausfallen als die Geschichte des bisherigen Lebensablaufes, solange wir nicht der ständigen Wiederholungen gewahr werden, die wir selbst verursachen, indem wir einem unsichtbaren Drehbuch, einem »Lebensskript« folgen, das wir selbst ersonnen haben, um uns besser verbergen zu können. Der widersprüchliche Gegensatz zwischen dem subjektiven Gefühl, ein einmaliges, einzigartiges persönliches Schicksal des Lebensablaufes zu erfahren, und der objektivierenden Relativierung, doch nur ein einziger unter Millionen von menschlichen Wesen, ein winziger, bedeutungsloser Teil des Mikro- und Makrokosmos der Milliarden Jahre, ohne jede Bedeutung vor der Ewigkeit der Milliarden Lichtjahre zu sein, ruft jenes Erschauern vor einem Absoluten – das *Tremendum numinosum* – hervor, das uns zu lähmen scheint. Die häufig in dieser Erschütterung erfolgende Wendung zu einer Einsamkeit der »wesentlichen Innerlichkeit« als Weltflucht ist so irrational, daß sie gerade die auf Gemeinsamkeit angelegte Seite des Menschen vernachlässigen zu können glaubt und so noch mehr Einsamkeit hervorruft.

Auch dann, wenn diese Art der Einsamkeit als Zwiesprache mit Gott erklärt wird, verleitet sie leicht zu einer Fremdheit anderen gegenüber, deren vermeintliche Heilsgewißheit sich der Auseinandersetzung mit dem eigenen wirklichen Sein und der realen Beziehung zu anderen entwindet. Meine Welt – auch »meine Welt mit Gott« – wird zur Abstraktion eines Alleinseins, das Einsamkeit verursacht und von anderen gerade durch den verborgenen, aber erkennbaren Pharisäismus trennt. Insgeheim der bessere Mensch sein zu wollen ist nur eine Tarnung der Menschenverachtung unter dem Deckmantel und dem Mißbrauch der Religion, die dann keine ist, um der überwältigenden Forderung der täglichen Liebe auszuweichen, die als einzige Wandlung der Zukunft hervorbringen könnte. Die Daseinsimmanenz des »mein Gott, warum hast du mich verlassen?« stellt die Entscheidungsforderung an Glaube, Hoffnung und Liebe. Es ist unsere Entscheidung in der Einsamkeit.

Tod und Sterben annehmen

Früher wußte man, daß man den Tod in sich hatte wie die Frucht den Kern. Die Kinder hatten einen kleinen in sich und die Erwachsenen einen großen. Den hatte man, und das gab einem eine eigentümliche Würde und einen stillen Stolz.« Diese Stelle fand ich in Rilkes »Malte Laurids Brigge«, während ich darüber nachdachte, warum in unseren modernen Gesellschaften der Tod so sehr verleugnet wird, daß man fast nicht mehr zu Hause, sondern meist nur noch in der Anonymität einer Klinik sterben kann, wenn alle Hilfsmittel der Intensivstation ausgeschöpft sind. »Ich habe keine Angst vor dem Tod, höchstens vor dem Sterben.« Das ist ein Satz, den ich allzuoft, auch von Freunden und Bekannten, gehört habe. Sterben ist ein Wort, das ursprünglich die Bedeutung von »starr werden, erstarren« hat, ein passives Geschehen im Gegensatz zu dem aktiven Verbum »töten«. Offenbar ist aber auch das Wort sterben für uns zu hart geworden, so daß wir schonendere Begriffe wie »entschlafen«, »heimgehen«, »dahinscheiden« oder vulgärer »abkratzen« oder »verrecken« hören oder lesen. Die Sprache allein verrät es: Beim Tod geht es meist um den Tod anderer. Es ist schwer und unbequem, sich den eigenen Tod vorzustellen. Dazu müßte man zunächst begreifen, daß Sterben nicht als »letzte Stunde« am Ende des Lebens gleichsam angestückt wird, sondern ständig unterwegs, auf der nicht umkehrbaren Strecke des Lebens geschieht.

»Partir – l'est un peu de mourir«, Abschied nehmen ist stets ein wenig sterben, meinen die Franzosen. Die Chinesen gehen weiter: »Der Schlaf ist der kleine Bruder des Todes.« Dieser Gedanke weist uns auf die Tatsache, daß die Ausschaltung unseres Bewußtseins im Schlaf uns keinerlei Klarheit darüber vermittelt, wo wir dann sind. In jenem alten Volkslied » . . . morgen früh, wenn Gott will, wird du wieder geweckt . . . « ist jenes Vertrauen in Gott enthalten, das zugleich die Möglichkeit des Nicht-Erwachens, eben des Todes mit einschließt. Die christliche Botschaft, daß der Tod nur ein Übergang zum ewigen Leben sei, hat offenbar an Überzeugungskraft verloren. Geht man in der Menschheitsgeschichte weit zurück, so findet sich der Glaube an die Wiedergeburt bereits im Paläolithikum, also in jener Vorgeschichte der Menschheit, in der gerade deshalb das Matriarchat, die Herrschaft der Mütter, das Leben bestimmte. Die bei Ausgrabungen gefundenen Hockergräber beweisen, daß die Bestattung in der Embryonalstellung erfolgte im Glauben, daß dadurch die Wiedergeburt erleichtert würde.

Die gängige Meinung unserer Zeitepoche läuft dagegen darauf hinaus, daß man sich auf den Tod gar nicht erst einlassen sollte, weil nur so das Leben erträglich würde. Gerade diese Verleugnung des dem menschlichen Leben immanenten Todes führt dann zu Fluchtbewegungen vor der Wahrheit, mit Folgen, die noch kaum begriffen werden. Die scheinbar rationale Behandlung des Sterbens als eines abstrakten Vorgangs findet ihre Konsequenz in der zunehmenden Unfähigkeit, Gefühle überhaupt zuzulassen, geschweige denn sie auszusprechen oder zu zeigen. Beherrschtheit wird zur Erstarrung, die im Grunde die Lebendigkeit des Lebensablaufs verleugnet. Vielmehr verwalten wir den Tod dann so, wie wir das Leben verwalten, als hätten Dinge, Sachen und Lebloses größere Bedeutung als die fließende, stets wechselnde Bewegtheit lebendigen Lebens. In den Fluchtformen der Verleugnung des Todes schlägt schließlich der aller Gefühlsäußerungen beraubte Lebenswille gerade durch die Scheinlogik der Diszipliniertheit der Gefühle in sein Gegenteil um.

Nicht nur die vielfachen Suchtformen weisen auf die Tendenz zur Selbstzerstörung. Sie sind nur Ausdruck einer Haltung, die in der Abstraktheit erstarrter Sicherungsvorstellungen zur offenen Verwirklichung des Todestriebes in bürokratischen Berechnungen der möglichen Massenvernichtung führt. Die Paradoxie dieser jedes instinktive Gefühlselement ausschließenden Scheinlogik besteht darin, daß gerade die Verleugnung und Verdrängung des Sterbens als Grundgegebenheit des Menschlichen dann die Angst vor dem Tod gleichsam durch äußere Einwirkungen wie die Vorbereitungen und Möglichkeiten eines Atomkrieges wieder einführt. Jede Sicherungsbestrebung gegen diese größenwahnsinnige Vernichtungsmaschinerie, die Folge einer Erstarrung in überlebten Formen ist, richtet sich zwar auf eine Verteidigung und Bewahrung des Lebens, läßt aber die Frage offen, wie weit dadurch die Unvermeidlichkeit des persönlichen Todes angenommen wird. Ohne Zweifel entspringt die Verteidigung des Lebens in Form der Proteste gegen den militärischen Automatismus der Massenvernichtung einer neuen und echten Einbeziehung der Gefühlselemente, die von der abstrakten Denkweise der Staatsbürokratien so weit ausgeschlossen bleibt, daß Wahnsinnspläne als logische Notwendigkeit ausgegeben werden können.

Dieser Spaltungsvorgang zwischen Verstand und Gefühl, der sich als Widerstreit zwischen Todestrieb und Lebenswillen offenbart, wird paradoxerweise durch zunehmende, von Wissenschaft und Technik genährte Allmachtsvorstellungen vertieft. Die Versuchung, Tod und Sterben aus dem Bewußtsein der Öffentlichkeit weitgehend zu verdrängen, wird allein durch die Verdoppelung der Lebenserwartung im Verlauf von weniger als hundert Jahren mit bestimmt. Hinzu kommt eine Propagierung hedonistischer Lebensziele, die als Scheinfreiheiten Lebendigkeit imitieren. In Wirklichkeit entstehen durch die auf diese Weise verstärkten illusionären Überansprüche an das Leben, die kaum erfüllbar sind, Enttäuschungen, Desillusionierungen, die sowohl Aggression wie Depression (als gegen sich selbst gerichtete Aggression) zur Folge haben. Das Gefühl der Sinnlosigkeit und Sinnentleerung des in die Fluchtformen der Süchte geratenen Lebens – gleichgültig ob Alkohol, Drogen, Sexualität oder destruktiver Haß – führt zu der falschen Erwartung, Sinn könne einfach verkündet, mitgeteilt oder erläutert werden. Erst wenn die eigene Begrenztheit des Lebens, die Geschöpflichkeit und damit die Unausweichlichkeit und Gewißheit des Sterbens wirklich angenommen werden – und zwar nicht nur vom abstrakten Verstand, sondern zutiefst erfühlt und erlebt –, verändert sich die falsch gestellte Sinnfrage. Wenn wir unsere Sterblichkeit anerkennen, entsteht Sinn nur aus der Art und Weise, wie wir das uns gegebene Leben beantworten. Dann wird ersichtlich, daß es immer wieder Abschnitte im Leben gibt, an denen wir einen Teil unseres abgelebten Lebens in der unaufhaltsamen Vorwärtsbewegung hinter uns lassen müssen. Die Erinnerung mag lebendig bleiben, aber der abgestorbene Lebensabschnitt kann nicht in der Form wiederholt werden, wie er war.

»Man steigt niemals zweimal in denselben Fluß«, mahnt Heraklit vor über zweitausend Jahren. Wenn aber Wandlung, Veränderung, sogar Wachstum und Reife innerlich und äußerlich Forderungen des Lebens sind, wie wir es unterstellen, dann würden Tod und Sterben allein dadurch annehmbar, daß beides uns unentwegt auf der gesamten Lebensstrecke immer wieder geschieht. Das besagt keineswegs, daß Menschen, die um ihre Sterblichkeit wissen und sie als das dem Menschen eingeborene Schicksal angenommen haben, deshalb leichter sterben würden. Das Bewußtsein, im Tode eine letzte Wandlung zu vollziehen, bestimmt aber die Art des Lebens. Nur im Blick auf die Gewißheit dieser letzten Stunde ist es möglich, die volle Verantwortung für all das zu übernehmen, was wir zuvor in Tausenden von Tagen und Stunden denken, fühlen, tun oder unterlassen. Gewissen ist unweigerlich mit dem Wissen verbunden, daß wir Rechenschaft für das gelebte Leben schulden. Selbst Ungläubige verzehren sich in dem schmerzlichen Gedanken, daß an ihrem Grabe niemand ein gutes Wort finden könnte. Sosehr Tod und Sterben auch verleugnet werden mögen – und die öffentlichen Verdrängungsapparaturen tragen mit dazu bei –, es bleibt der nicht zu verdrängende Gedanke, wie die endliche Summe des Lebens zu werten wäre. Schon jenes »de mortuis nil nisi bene«, wonach wir nichts Schlechtes über einen Toten sagen sollten, kennzeichnet den Respekt vor der Würde des Todes. Es bleibt dabei, daß der Ruf an Jedermann ergeht, wie Hugo von Hofmannsthal malinte.

Aber wie sind wir dazu gekommen, den Gedanken an Tod und Sterben so weitgehend zu verdrängen, daß uns bereits Beileidsbriefe schwerfallen? Versuchen wir nicht, jeder Beerdigung oder Trauerfeier auszuweichen, wenn es nicht gerade die Nächsten betrifft? Entsprechende Institutionen erledigen Kränze, Blumen und Karten, und in den USA wird der Tote so geschminkt und aufgebahrt, als sei er noch am Leben. Die Naturwissenschaften haben gewiß ihren Teil zu einer erheblichen Lebensverlängerung beigetragen, ohne daß wir bereits auf eine Sinnerfüllung des so verlängerten Lebens vorbereitet wären. Ja es gibt wissenschaftliche Veröffentlichungen, die darauf hinweisen, daß unser Leben durch weitere Forschungsergebnisse bis zu 120 Jahren und mehr verlängert werden könnte. Ob wir damit wirklich schon etwas anfangen könnten? Solche Nachrichten verstärken aber das subjektive Gefühl, Tod und Sterben wären noch weit entfernt. Dabei zeigt uns allein die Unfallrate genauso wie die ansteigenden Selbsttötungen, besonders bei jungen Menschen, die mit der Krise des Übergangs ins Erwachsenenalter nicht fertig werden, daß Tod und Sterben jeden unvorhersehbar treffen können. Gleichzeitig erschallt ein lauter Ruf nach größerer Lebensqualität. Soll sie gegeben, verordnet, geschenkt oder als Lohnzahlung zugeteilt werden? Oder bestimmen wir nicht jeder selbst die Qualität unseres Lebens, gemessen an der Quantität der Jahre?

Die Widersprüchlichkeit des zeitgenössischen Lebens besteht darin, daß durch die Diskreditierung der Gefühle Liebe und Haß ausgeschlossen werden. Als Folge entsteht ein Haß auf alles Lebendige, wie er sich bereits im ökonomischen, politischen, gesellschaftlichen und kulturellen Bereich abbildet. Die daraus entstandene Beziehungslosigkeit endet in gefühlsmäßiger Leblosigkeit. Liebe befähigt den Menschen, das Eigene im Anderen und das Andere im Eigenen wahrzunehmen und zu erleben. Das ist nicht möglich, wenn der Andere nicht mehr als lebendiges Wesen, sondern nur noch wie ein toter Gegenstand wahrgenommen wird, der bestimmten Zwecken oder Sachzwängen dient und unterliegt. Gerade diese menschenverachtende Abtötung jedes störenden Gefühls einer möglichen Beziehung, am extremsten sichtbar in der bürokratischen Abwertung des verwalteten Menschen, verstärkt die Angst vor Tod und Sterben, weil die Wirkungen dieser sich ausbreitenden Form des menschlichen Umgangs jede Möglichkeit natürlichen Gefühlserlebens töten. Weil wir in einer gefühlstoten Welt leben, erstickt alle Lebendigkeit des frei fließenden Lebens. Um so größer wird die Sehnsucht nach wirklichem Leben, das sich nicht in Ritualen, Abstraktheiten und verstandesbetonter Scheinlogik erschöpft, sondern Raum für Spontaneität, Veränderung und gewollte Autonomie läßt. Je größer die Einengung des individuellen Ich erfahren wird, desto intensiver wird der Wunsch nach herausgehobener Bedeutung dieses Ich. Die Anerkennung der unabweisbaren Tatsache, daß dieses Ich in der jeweils vorhandenen Form nicht nur im Laufe des Lebens zunehmend an Bedeutung für die Umwelt verliert, sondern eines Tages gar nicht mehr existiert, samt aller angesammelten Habe, um vergessen zu werden, wird dann zu einer um so tieferen Kränkung.

Nun besteht kein Zweifel, daß die zeitgenössischen Klagen über allgemeinen Egoismus, Rücksichtslosigkeit und Menschenverachtung im zwischenmenschlichen Bereich wie in den Beziehungen der Völker nicht zu überhören sind. Gleichzeitig verstärken sich jedoch die Rivalitäten und Machtkämpfe bis hin zu totalen Ausrottungsideen, oft genug im Namen der Freiheit. Die Verleugnung der Geschöpflichkeit und die Anmaßung der Gottähnlichkeit im Gebrauch von Vernichtungspotentialen verraten die Gottesferne. Wir stehen vor der Paradoxie, daß gerade die Verleugnung der Sterblichkeit des Menschen zur Entwicklung von Massenvernichtungsmöglichkeiten führt. Die Beteiligung an solchen Destruktionswünschen ist weltweit. Das wirft die Frage auf, ob ein Todestrieb als Widersacher des Lebens gerade deshalb die Oberhand gewinnt, weil Leben nicht mehr als ein mit Sinn zu erfüllender Weg zum Tode angenommen werden kann. Sieht man, wie einst Martin Luther es empfahl, dem Volk aufs Maul, so finden wir Redensarten wie etwa folgende: »Der kann nicht leben und nicht sterben.« Wer weder wirklich leben noch sterben kann, befindet sich in einer Sphäre des Zwischen, in einem Übergang. Er verweigert das Absterben einer vergangenen Lebensstufe und kann deshalb noch nicht auf der nächsten, gewandelten Stufe leben. Wir finden diese Erscheinung nicht nur bei vielen Heranwachsenden, die nicht Abschied nehmen können von der sterbenden Kindheit und noch Angst vor dem Erwachsensein haben. Vielmehr begegnet uns die gleiche Erscheinung in zeitlich länger ausgedehnten Abschnitten im mittleren Lebensalter genauso wie in der späten Lebenskrise, die mangels Vorbereitung so oft im »Pensionierungstod« endet, obwohl das Leben noch viele Entwicklungsmöglichkeiten bieten würde. An solchen Beispielen wird offenbar, in welchem Ausmaß unser Leben zukunftsgerichtet ist.

Wer sich nicht auf den Tod als letzte Bestimmung des Menschen einlassen kann, gerät in die Gefahr, nur noch voneinander getrennten Teilen seines Lebens gegenüberzustehen, die er nicht mehr zusammenbringen kann, weil ihm ein Konti-

nuum fehlt. Die Identität des einzelnen entsteht aus dem Zeit-
kontinuum der nicht umkehrbaren Richtung von der Vergangenheit in die Zukunft. Die Gegenwart ist eine Durchgangs-
stufe, die immer wieder das Absterben und die Wandlung der
in der Vergangenheit bestehenden Identität verlangt. Dabei
gehen keineswegs Grundeinstellungen oder Erfahrungen der
vorherigen Lebensstrecke zugrunde, sondern sie erweitern
und verflechten sich mit neuen Erlebnissen, Einsichten und
Selbsterfahrungen. Wird jedoch diese Ausrichtung des Lebens
auf einen Endpunkt verleugnet, so entsteht jene Erscheinung,
die zum Beispiel in dem gängigen Ausdruck junger Menschen
als Verzweiflung erkennbar ist: »I can't get it together!« Ich
kann es nicht zusammenkriegen. Wie sehr gleichzeitig ein Bewußtsein für die bestehende Erstarrung vorhanden ist, wird
ebenfalls an der alltäglichen Redensart erkennbar: »Es läuft
nichts mehr!« So unbewußt dieser Ausdruck auch gebraucht
werden mag, er verdeutlicht, daß ein Bewußtsein dafür besteht,
wann die Bewegung des frei fließenden Lebens zum Stillstand
gekommen ist und damit »Starr-Werden«, also Absterben eingetreten ist.

Auf dem Hintergrund dieser kulturellen Fehlentwicklung
wird dann verständlicher, warum die »Unfähigkeit zu trauern«
nicht nur im persönlichen Bereich, sondern im politisch-sozio-
kulturellen Bereich zunimmt. Der Tod von Millionen beeindruckt nicht mehr. Der Tod verliert seine Würde, wo bewußt
Massentötungen möglich sind.

Dieses traumatische Erbe, als Folge der Entwertung des Einzellebens, ist weder überwunden noch voll begriffen. Aber in
welche Lage werden Angehörige, Hinterbliebene und Aller-
nächste versetzt, wenn Tod und Sterben nicht mehr als not-
wendiges und immer schon mitgelebtes Sein des Menschen
erlebt werden können? Angehörige, die aus dem für sie selbst
und ihre Nächsten selbstverständlichen Bewußtsein leben, daß
Sterben eine ständige Erfahrung des ganzen Lebens ist, werden sich nicht mehr den öffentlichen Verdrängungsmechanis-
men unterwerfen. Die Verleugnung des Todes in der Gesellschaft führt automatisch zur Eliminierung der Trauer. Tausende von Witwen und Witwern haben erfahren, daß sich bereits
wenige Tage nach der Beerdigung niemand mehr um sie küm-
mert, so als sei ihre berechtigte Trauer eine Art ansteckender

Krankheit. Warum haben wir diese Trauer selbst in den christlichsten Gemeinden verlernt? Bis heute besteht in jüdischen Familien der berechtigte Brauch, daß Angehörige und Freunde über einen Zeitraum von acht Tagen gemeinsam im Trauerhause zusammensitzen und ihrer Trauer bewegten Ausdruck geben. Angesichts eines gefüllten Terminkalenders erscheint es heute vielen, angeblich bereits unter Streß Leidenden, bereits zuviel Zeitaufwand, für eine Stunde einer Beerdigung beizuwohnen. Offenbar müssen wir den Mut und die Fähigkeit zur Trauer erst wieder lernen. Das wird nur dann möglich sein, wenn jeder in seinem eigenen Leben Tod und Sterben als tiefsten Kern seiner Menschlichkeit annehmen kann, so wie Rilke es, wie eingangs zitiert, aussagt: »Das hatte man, und das gab eine eigentümliche Würde und einen stillen Stolz.«

Es ist beschämend, zu sehen, daß Kinder bereits im Alter von sechs bis acht Jahren ein Wissen über den Tod haben, das an Ehrlichkeit und Lebensverständnis manchen gehetzten Erwachsenen übertrifft. Wie aber sollen Kinder über Verluste jemals trauern lernen, wenn in der Welt der Erwachsenen die Würde des Todes als tiefste Bedeutung menschlichen Lebens verdrängt und verleugnet wird? Die Gebrüder Grimm berichten in einem weniger bekannten Märchen mit dem Titel »Die Lebenszeit«, wie drei Tiere zu Gott kommen, um ihre Lebenszeit bestimmen zu lassen. Gott fragt: »Dreißig Jahre, ist dir das recht?« Allen Tieren ist das zuviel, und Gott erbarmt sich. Er erläßt dem Esel achtzehn Jahre, dem Hund zwölf Jahre und dem Affen zehn Jahre. Der Mensch ist mit seinen dreißig Jahren nicht zufrieden. So erhält er die nicht gebrauchten Jahre des Esels, des Hundes und des Affen, also zusammen siebzig Jahre. »Der Mensch ging fort, war aber nicht zufriedengestellt«, heißt es bei Grimm. Gerade der Mensch kann sich, als das vernünftigste Wesen, dem Schicksal der eigenen Vergänglichkeit nicht fügen. Er verdrängt geflissentlich Dinge, die ihn an den Tod erinnern, oder weigert sich, sie wahrzunehmen. Dieses Märchen erwähne ich deshalb, weil es zeigt, daß nicht nur unsere Zeitepoche versucht, Tod und Sterben zu verleugnen. Bedeutsamer ist aber wohl, in welchem Ausmaß diese Verleugnung durch öffentliche Verdrängungsapparate verstärkt wird. Leichentransportautos zeigen diskret schwarze oder graue Vorhänge – einen Sarg soll man nicht mehr sehen, das wäre zu anstößig. Nur auf Dorfstraßen und in fremden Ländern sieht man hin und wieder eine Prozession die Straße entlang zum Friedhof wandern, hinter einem Sarg, der zuvor noch geöffnet im Hause stand, damit jeder Abschied nehmen konnte. Am Rande der Straße nehmen die Menschen den Hut ab oder bekreuzigen sich stumm, im Wissen, daß der Tod zum Leben gehört.

Beim Tode meines Vaters habe ich selbst erlebt, daß ich seine Leiche nur noch im Keller der Klinik auf einer Blechtrage gegen den Widerstand des Personals sehen durfte, obwohl ich Arzt war. Den zu spät eintreffenden Brüdern blieb nur der Anblick eines durch die Sektion entstellten Gesichts in einem hinteren Schuppen des Friedhofs, bevor der Sarg endgültig geschlossen wurde. Die Nachricht von seinem Tod hatte man mir erst sechs Stunden später telegraphisch übermittelt, nachdem ich ihn drei Tage zuvor in seinem 700 Kilometer entfernten Heimatort in heiter-zufriedenem Zustand verlassen hatte. Damals war Trauer noch nicht unangemessen, und viele Freunde, Männer und Frauen, reichten mir ohne Scheu vor ihren Tränen am Grabe die Hand. Sie milderten meine Einsamkeit.

Das Wissen um Tod und Sterben ist nicht angeboren, obwohl uns das Sterben bereits im Augenblick der Geburt vorbestimmt ist. Wir können nur von unserer Umgebung, von den Eltern und den Nächsten die Bedeutung des Todes allmählich erlernen und begreifen. Einer mutigen Berliner Lehrerin, Christine Schwickardi, verdanke ich eine Sammlung von Zeichnungen und Aussagen von Kindern der 4. und 5. Klasse sowie Aufsätze von Schülern der Oberstufe über Tod und Trauer. An diesen lebendigen Zeugnissen wurde erkennbar, ob Eltern ihren Kindern früh verständlich gemacht hatten, daß Tod und Sterben zum Leben gehören, oder einzelne Kinder in Verwirrung und Unklarheit geblieben waren. In meinem Buch »Wenn Kinder trauern« habe ich davon berichtet. Tod und Sterben sind menschliche Wirklichkeit. Wenn wir in falscher Weise durch mangelnde Gefühlsbereitschaft versäumen, schon dem kleineren Kind über für uns Erwachsene scheinbar bedeutungslose kleine Verluste tröstend hinwegzuhelfen, um erste Trauer zu ermöglichen, wird es um so schwerer für jedes

Kind, Sterben und Trauer als zum Leben gehörig anzunehmen und menschlich zu fühlen. Die Folge würde jene Zerstörungslust und wütende Ablehnung sein, die wir bei einer kleinen Minorität von aus Verzweiflung der Gewaltsamkeit hörigen Jugendlichen beklagen.

Deshalb möchte ich jedem Leser, der bis hierher gefolgt ist, die ganz persönliche Frage stellen, die jeder sich nur selbst im stillen zu beantworten braucht. Habe ich in meinem Leben für mich selbst wirklich innerlich angenommen, daß mein Sterben zu meinem Leben gehört? Bin ich wirklich voll bereit, mein Denken, Fühlen und Handeln an jenem »memento mori«, an der Mahnung an den Tod auszurichten, jenem deutlichen, großen M, das in den Handlinien meiner beiden Hände sichtbar ist? Und wünsche ich mir nicht, so wie ich selbst meinem Mitgefühl und meiner Trauer über den Tod geliebter Menschen Ausdruck geben kann, daß meine Nächsten, meine Freunde und Hinterbliebenen in Würde sich ihrer Trauer nicht schämen? Eine ehrliche Antwort mag zu einer paradoxen Wandlung führen, denn die volle Bejahung dieser Fragen kann nur dazu führen, das Leben in seiner Schönheit und Fülle des Unerwarteten in dankbarer Heiterkeit doppelt bewußt zu leben.

Unser Leben ist ein Gewebe aus gut und böse, und niemand ist vollkommen. Die Bemühung um das Gute fordert den Einsatz des Herzens und jener Liebe, die nicht nur das Ihre sucht. Das Wagnis dieses Lebens wiegt die Unausweichlichkeit des Sterbens bei weitem auf.

Zukunft wagen

Die Ungewißheit der Zukunft gehört zu den Bedingungen des Menschseins. Niemand kann wirklich eine bestimmte Zukunft voraussagen. Gerade diese Unsicherheit verstärkt das Bedürfnis nach Sicherheit. Der Mensch allein kann sie nicht herbeiführen. Dennoch lassen sich mögliche Entwicklungen der Zukunft aus Ereignissen der Vergangenheit ableiten, solange wir annehmen, daß menschliches Handeln und Denken unbewußten Gewohnheiten und Wiederholungszwängen unterliegt, weil Änderungen, die unbequem sind, um jeden Preis vermieden werden sollen. Der Allgemeinheit wird dann kaum noch bewußt, in welchem Ausmaß sich eine Mehrheit am Herbeiführen einer bedrohlichen Zukunft beteiligt, deren zerstörerische Kräfte gefürchtet werden. Der Sehnsucht nach Frieden steht keine entsprechende Wandlungsbereitschaft des einzelnen zur Seite. Vielmehr wird erwartet, daß Frieden, Klarheit, Verläßlichkeit und Hoffnung auf eine menschliche Zukunft durch Bestimmung von oben, gleichsam durch den Entschluß der unbekannten Mächtigen dieser Welt, veranlaßt werden. Gleichzeitig besteht ein hilfloses Gefühl der Abhängigkeit und des Ausgeliefertseins bei vielen Menschen. Es führt zu einer Art Kaninchen-Schlange-Effekt: Wir starren wie gelähmt auf die mögliche Bedrohung, bis sie zu einer sich selbst erfüllenden Prophezeiung wird und gerade das geschieht, was wir fürchten.

Fragen wir uns also: Wie sind wir hierher gekommen? Manche antworten, daß es immer schon Kriege gegeben habe, weil die Menschen sich im Grunde nicht ändern könnten. Die tatsächliche Lage hat absolut nichts mit vergleichbaren geschichtlichen Vorgängen zu tun. Seit Hiroshima und Nagasaki hat sich das Vernichtungspotential millionenfach erhöht. Wer hat es herbeigeführt und warum? Es gibt zwei Gegensätze, die auf eine unvereinbare Weise überbrückt wurden. Es heißt: »Macht euch die Erde untertan«, aber die Grundbedingung des Lebens ist die Insecuritas Humana, die Unsicherheit des Menschen, der in seiner Geschöpflichkeit stets der Gewißheit seines begrenzten Daseins und des Todes innesein sollte.

Aus der Bedrohung von Tod und Zerstörung hat sich ein Allmachtswahn entwickelt, der in der Vernichtungsmöglichkeit von Millionen Menschen und der Zerstörung weiter Erdteile die Versuchung der Gottgleichheit zur scheinbaren Wirklichkeit werden ließ. »Heller als tausend Sonnen« war das Schlagwort für die Erfindung der Wasserstoff-Atombomben. Das angebliche atomare Patt war für Jahrzehnte ein Beruhigungsmittel für die Welt. Wie weit läuft die Idee der Atomspaltung als neue Erkenntnis der Wissenschaft parallel mit einer inneren Spaltung des zeitgenössischen Menschen?

Wir haben neue Technologien erfunden, die unser Leben so bequem und komfortabel werden ließen, daß nur noch eine Minderheit die dem Menschen innewohnende aggressive Energie durch anstrengende körperliche Arbeit umsetzen kann. Gleichzeitig haben wir unmerklich die aggressiven Möglichkeiten einerseits vergröbert und noch unbewußter verfeinert. Als Beispiel mag die Todesrate der Fahrzeugunfälle dienen. Die Faszination an der Geschwindigkeit und die Unfähigkeit, Machtbedürfnisse zu erkennen, die sich darin spiegeln, enthüllt die geheimen Zerstörungswünsche, die wir vor allem dann nicht sehen wollen, wenn es, wie bei vielen jungen Menschen, unbewußte Selbstzerstörungstendenzen sind.

Auf eine viel unmerklichere und gleichzeitig unmenschliche Weise haben wir Aggressions und Machtbedürfnis dadurch verfeinert, daß wir eine Fülle bürokratischer Institutionen und Machtapparate geschaffen haben, die eine zunehmend den einzelnen quälende Abhängigkeit herbeiführen. In immer stärkerem Ausmaß verleiten sie ihn dazu, seine persönliche Verantwortung für das eigene Leben, das Wohl seiner Nächsten und die Entwicklung der Gesellschaft zu verringern und schließlich entgültig zu verlieren. Als Ergebnis stehen wir einem Widerspruch zwischen mangelnder Verantwortungsbereitschaft und irrationaler Überansprüchlichkeit gegenüber, die einander gegenseitig bedingen. Die entstandenen Institutionalisierungen sind in leeren Formeln erstarrt, deren Scheinlogik sich in tragischer Unmenschlichkeit an vielen Stellen enthüllt.

Das Wagnis der Zukunft fordert von uns, diesen Spaltungsprozeß zu erkennen, der durch die Überbewertung scheinbar logischer Verstandesfunktionen eine Abspaltung der Gefühlsfähigkeit herbeigeführt hat. Die Herabsetzung der Gefühlssphäre des Menschen, abgewertet durch den Begriff der »Gefühlsduselei« und einen pervertierten Wissenschaftsbegriff, für den alles, was nicht meßbar, zählbar und wägbar ist, als »Unsinn« gilt, hat folgerichtig dazu geführt, daß Unmenschlichkeiten nicht nur toleriert, sondern oft genug mit einem Achselzucken beiseite geschoben werden, als seien sie unvermeidlich. Es gibt eine Fülle nachweisbarer Erscheinungen, an denen dieser Spaltungsprozeß erkennbar wird. Ähnlich wie in vorausgegangenen Geschichtsepochen wissen wir darum und sehen es fast tagtäglich, aber offenbar wollen wir es nicht wissen, weil es Änderungen und Taten erfordern würde. Wir können in diesem Zusammenhang die beruhigende Scheinsicherheit des Christseins nicht ausnehmen, solange auch dort vielfach die Notwendigkeit zu einer radikalen Änderung des Bewußtseins nicht genügend gestützt wird.

Die Überlebenschance angesichts der realen Zerstörungsmöglichkeiten hängt eben nicht von den Entschlüssen, Verhandlungen oder Drohungen der Politiker und Supermächte ab. Sie ist vielmehr abhängig von einer klaren Bewußtseinsänderung einer Mehrheit der Menschen in der Welt, die bereit sind, sich zu wandeln. Die Erstarrung des Denkens in Zerstörungspotentialen ist als das aufzudecken, was es ist: ein Größenwahn der Allmachtsvorstellungen des Menschen, dessen Verwirklichung der gesamten Menschheit gerade die Kreatürlichkeit und Geschöpflichkeit des Menschen demonstrieren würde – als gäbe es keine andere Möglichkeit mehr, den Glauben an die Schöpfung aufrechtzuerhalten, als durch ihre Vernichtung.

Wir haben bestimmte Formen des Zusammenlebens als scheinbar überlebte Rituale aufgegeben und damit zugleich ihren Inhalt verloren. Als Ergebnis stehen wir Halbheiten, unbestimmbaren Zwiespältigkeiten, einander widersprechenden Wertvorstellungen und fragwürdigen ethischen und moralischen Ausweichhaltungen gegenüber, die jedem scheinbare Freiheit in seiner Privatwelt erlauben. Die historischen Zehn Gebote scheinen allenfalls ehrenvollen Museumscharakter zu haben, wenn ihre Auslegung beliebig ist. Was mit dem modernistischen Begriff der »Identitätskrise« bezeichnet wird, erweist sich als ein Mangel an Bereitschaft, schlichte Fragen an sich selbst zu stellen, wie etwa: Wer bin ich? Was mache ich mit meinem Leben und warum? Was will ich eigentlich, und wohin soll das führen?

Die Frage nach dem Sinn des Lebens wird von vielen Menschen falsch gestellt. Wir sind gefragt, was für einen Sinn unser Denken, Reden und Handeln in diesem uns gegebenen Leben haben und was wir damit für uns, für andere, für die Welt erreichen. Ob wir die Chance nutzen, die uns mit diesem Leben gegeben wurde, oder ob wir sie verspielen, vertrödeln oder mißachten. Diese Mißachtung wird sichtbar in jenen Fehlhaltungen, die wir kaum noch wagen als »Sünde« zu bezeichnen: Gier und Habgier, Neid, Rivalität, Eitelkeit und Geltungsbedürfnis und die vielen Unterformen des Egoismus, die sich ausschließlich um die Größe, Bedeutung und Herrlichkeit des eigenen Ich bewegen. Das geschieht im Leben des einzelnen in der Familie, in Gruppen im Berufsleben und in der kleinen und großen Politik ebenso wie rund um den Erdball.

Wir beklagen vielfach das anwachsende Mißtrauen im Umgang miteinander, ohne uns dabei zu fragen, wie weit denn jeder bereit ist, dem anderen zu vertrauen. Wenn man sich selbst nicht traut und unsicher ist, wird sich das Mißtrauen anderen oder sogar den Nächsten gegenüber vergrößern. Mißtrauen entfernt voneinander und endet häufig genug in menschenfeindlicher Einsamkeit. Solche Grunderfahrungen haben entscheidende Bedeutung im Umgang miteinander. Neid, auch wenn man ihn sich nicht voll eingesteht, führt zu falscher Rivalität, zu Eifersucht und schließlich zu Konflikten, die schwerer zu lösen sind als eine offene Aussprache. Wir sind aber nicht mehr gewohnt, zu anderen über unsere Gefühle zu reden, obwohl sie dauernd unser Handeln und Denken mitbestimmen. Anstatt miteinander an einem Ziel zusammenzuarbeiten, erschöpfen wir uns in allerlei Polarisierungen und Gegnerschaften, die wir uns eigentlich nicht mehr leisten können. Das geht bis in das Intimleben.

Männer bemerken oft genug nicht mehr, wie sie unbewußt Frauen zu Sexualobjekten machen, die ihrer Befriedigung dienen sollen. Die gleichen Männer klagen dann in der Arbeitswelt über Ausbeutung oder Beherrschtwerden von oben, ohne sich bewußt zu werden, wie sehr sie an den Nächsten gerade das vollziehen, worüber sie sich bei anderen beklagen. Solange nicht jeder bereit ist, zusammen mit einer kleineren Gruppe von vertrauten und bedeutsamen anderen eine ehrliche Bestandsaufnahme von sich selbst herbeizuführen, um zu erkennen, wie er die Welt sieht und was er bislang – blind und taub gegen Neues – ausgeschlossen hat, gibt es kaum eine wirkliche Chance der allmählichen Veränderung des allgemeinen Bewußtseins. Vielmehr sind wir in der Gefahr, daß viele Menschen sich nur mit der Rolle identifizieren, die ihnen ihre Umgebung zuschreibt, ohne sich je zu überlegen, was übrigbleibt, wenn ihnen morgen diese Rolle weggenommen würde. In allem Tun und Denken müßte daher wohl zunächst die Frage im Vordergrund stehen: Warum, wofür tue ich das? Um meinen Ruhm, meine Eitelkeit, meine Machtwünsche, mein Ich zu befriedigen, oder um zu dienen, ein Ziel gemeinsam mit anderen anzustreben, das neue Einsichten ermöglicht? Bin ich beeindruckt von der Welt, überwältigt von der Größe und nie ganz zu enträtselnden Schönheit und Tiefe des Lebens und der Schöpfung, oder will ich die Welt beeindrucken, um uneingelöste Pfandbriefe für mein Ich, meinen Stolz oder meine Macht- und Geltungswünsche einzulösen? Schon hier zeigt sich ein erheblicher Unterschied des Bewußtseins und der Veränderung, denn wir können im öffentlichen Leben bei manchem Politiker ablesen, welches seine wirklichen Motive sind.

Betrachten wir die aktuelle Lage des heutigen Menschen, so wird ein erheblicher Generationsunterschied deutlich. Viele jüngere Menschen haben aus einer bereits veränderten Bewußtseinslage ein sensibles Gespür für Echtheit und Motivation entwickelt, weil sie innerhalb ihrer eigenen Altersgruppe offener und direkter auf der Gefühlsebene miteinander umgehen. Umgekehrt wird in der älteren Generation dann nicht verstanden, warum Zweifel an der Glaubwürdigkeit und Gültigkeit ihrer Vorstellungen, Erfahrungen und Grundsätze für eine möglicherweise völlig andere Zukunft entstehen. Die Verständigungsebene läge auch hier in einer veränderten Haltung. Statt Rivalität, Herausstellen formaler Autorität und Beharren auf den Rechten des Älteren ginge es wohl mehr um Nähe, Wärme, Versuch des Verstehens und Verringerung der Angst vor Ablehnung ebenso wie umgekehrt Ablehnung oder Abwertung von Alt- oder Jungsein. Das Problem der jüngeren Generation ist die vergebliche Suche nach lebenden Vorbildern, die nicht durch Wissen oder Erfahrung zu imponieren oder zu dominieren versuchen, sondern ein glaubhaftes Sein verkörpern, das dem Wissen entspricht.

Die Generationskonflikte sind jedoch nur eines der Abbilder innerer Gespaltenheit zwischen Bewußtseinsformen, die sich ausschließlich auf Verstandeshaltungen stützen, und neuen Bewußtseinsformen, die um die Bedeutung der unbewußten Gefühlssteuerung eben dieser scheinbar logischen Verstandestätigkeit wissen und danach handeln. Die Sinnentleerung wird vor allem in der Beziehungsunfähigkeit erkennbar, die zum schmerzlichen Erlebnis der Isolation und inneren Leere führt. Diese Leere läßt sich dann nur noch mit Konsumgenuß ausfüllen, der vom oberflächlichen Vergnügungsbedürfnis bis hin zu verzweifelt hilflosen Suchterscheinungen aller Art reicht, die in der Verfallenheit an Alkohol, in gefühlsentleerter, technischer Sexualität oder Rauschmitteln erkennbar wird.

Angesichts dieser keineswegs vollständigen Bestandsaufnahme wird überdeutlich, daß die Zukunft nicht mehr technisch bewältigt werden kann, sondern nur durch eine ethische Erneuerung, die unsere weitgehende Verfallenheit an falsche Grundeinstellungen dem Leben gegenüber bewußt macht. Der einzige Verlust, den wir dabei erleiden würden, ist der Verlust von Illusionen und Selbsttäuschungen. Wir müssen eine andere Zukunft wollen. Dieser Entschluß läßt sich nicht verwirklichen ohne sorgfältige Rückbesinnung und Rückbindung. Rückbindung bedeutet nicht weniger als *re-ligio*. Der Anfang ist die ehrliche Bereitschaft, die eigene Geschöpflichkeit mit allen Schwächen anzunehmen. Erst daraus erwächst wirkliche Kraft, weil die Angst vergeht, bei vermeintlichen Schwächen ertappt und verurteilt zu werden. Zugleich erwächst daraus die Einsicht, daß wir kein Recht haben, andere zu verurteilen, solange wir um die eigene Schwäche und Unvollkommenheit wissen.

Ein weiterer Schritt zur Veränderung unseres Bewußtseins ist der absolute Vorrang der menschlichen Person vor Dingen und Sachen, einschließlich der immer wieder als Entschuldigung für Unmenschlichkeiten zitierten angeblichen Sachzwänge. Diese Zwanghaftigkeit wird doch von uns selbst aus überlebten Bewußtseinsformen heraus hergestellt, um die Mühsal der möglichen Änderungen zu vermeiden. So entsteht ein immer dichteres Netz von scheinbaren Sicherungen, das am Ende zum Gefängnis wird, in dem wir selbst unwissentlich gleichzeitig Gefangener und Wärter spielen. Die totalitären Regime in dieser Welt sind die deutlichsten Verwirklichungen dieser zwanghaften, im Unmenschlichen endenden, eingeengten Bewußtseinsformen, deren menschenverachtender, barbarischer Automatismus der Apparatfunktionen jeden erschrecken muß, der um die Freiheit ringt.

Nun wird man kaum behaupten können, daß nicht in der ganzen Welt ein immer stärker werdendes Bewußtsein für die Bedeutung der menschlichen Freiheit wächst. Aus der Unterdrückung entsteht Gewalt, die nur zerstörerisch wirken kann. Sie trägt, wie wir sehen können, nicht zu einer Verständigung bei, sondern zu stärkerer Polarisierung.

Es geht um anderes, weitaus tiefer Liegendes, das mehr Mühe erfordert. Die Maßstäbe des Menschlichen lassen keine Meßbarkeit in Form von Gewinn, Verlust oder Sozialprodukten zu. Letztere sind Konkurrenzformen, denen Gier, Erfolgswunsch und oft genug ein Vollkommenheitswahn zugrunde liegen. Menschliche Ethik und Moral können nicht als unverbindliche Formel zwischen uns existieren, sondern sie bedürfen der gelebten, bewußten Verantwortung. Dazu gehört der Abbau von künstlich erfundenen Feindbildern, die uns an jeder Kooperation hindern. Dazu gehört aber auch und primär unsere Bereitschaft zu erkennen, auf welche Weise wir selbst an der Erstarrung in bürokratischen Formeln und damit an der systematischen Zerstörung menschlicher Verständigungsmöglichkeiten mitwirken. Eine verwaltete Welt kennt weder Liebe, noch braucht sie Wärme, Zuneigung und Verstehen. Im Gegenteil, diese menschlichen Fähigkeiten bedrohen die festgefügte Abstraktheit einer nach scheinbaren Sicherheitsregeln verwalteten Welt. Mitunter mögen wir denken, frei zu sein. Aber wir sind nicht befreit, ehe wir nicht andere befreien. Wir können die Falle, in der wir uns selbst in den unsichtbar gläsernen Scheinsicherheiten unserer Zivilisation gefangen haben, nicht eher verlassen, bis wir *wissen*, daß wir in ihr gefangen sind Solange wir ungestört und behaglich hinter diesem Sicherheitsvorhang gemächlich dem eigenen, vergnüglichen und bequemen Leben nachgehen zu können glauben, so lange übersehen wir die Signale, die eine radikale Sinnesänderung von uns fordern, um durch eine selbst gewollte andere Zukunft überleben zu können. Das ist kein Kassandraruf, der beängstigen soll. Im Gegenteil, es gilt jetzt die realen Hoffnungen anzusehen, die uns eine andere Zukunft verheißen, wenn wir sie wollen und uns darum bemühen.

In großen Teilen der Welt wächst ein neues Bewußtsein, daß es nicht nur aus rein ökonomischen Gründen notwendig ist, andere Grundeinstellungen zum Leben zu entwickeln. Dazu gehört nicht nur der Wille zur Solidarisierung und Kooperation, sondern auch die Bereitschaft zu Verzichten und größerer Bescheidenheit. Viele Menschen haben längst entdeckt, daß Besitz und Viel-Haben allein keineswegs Wohl-Sein schaffen. Alles nur haben wollen bringt keine Sinnerfüllung, sei es im Materiellen, im Wissen, im Technischen oder im Bereich der Macht. Die Menschen suchen nach einer tieferen Sinnhaftigkeit in ihrem Dasein, während die Medien und die öffentlichen Institutionen ihnen häufig genug nur den alten Brei vorkauen, um sie in Sicherheit zu wiegen, damit sich nichts ändert. Die Tatsachen liegen greifbar vor in vielen Wissenschaften, in der Physik, der Molekularbiologie, der Gehirnforschung, in der Erforschung des Lernens und des Bewußtseins, in der Anthropologie und Psychophysiologie, aber sie werden nicht aufgenommen und in ihren Auswirkungen auf eine Bewußtseinsveränderung in der Wahrnehmung der Welt verkannt.

Worin also besteht das Wagnis der Zukunft? Jeder einzelne von uns muß seine eigene Änderung zu einem autonomen Selbst wagen. Dem einen geschieht dies plötzlich, wie eine jähe Erleuchtung beim Anblick eines großartigen Naturschauspiels. Ein anderer erlebt in der Stille einer Kirche oder mitten in einem Gottesdienst, wie brüchig sein bisheriger Glaube in Wahrheit war, und er begreift die Größe und Unermeßlichkeit der Schöpfung. Einem Dritten wird plötzlich – mitten in einem lebhaften Streitgespräch – die Sinnlosigkeit des »Sich-auseinander-Setzens« bewußt. Er kann dann seine Gefühle der Nähe, Wärme und seines liebenden Verstehens dem scheinbaren Gegner mitteilen, so daß es diesem die Sprache verschlägt, bis er die gleiche menschliche Nähe begreift.

Aber jede dieser Änderungen bringt Schmerzen und das Risiko mit sich, von der nächsten Umgebung verkannt, abgelehnt, verspottet, verdächtigt und mit Vorurteilen beladen zu werden. Der Widerstand gegen die Änderung des gewohnten Erlebens und Denkens ist groß. Dem Bemühen um Bewußtseinsveränderung wird von vielen mit Gleichgültigkeit, Resignation oder dem Versuch, alles ins Lächerliche zu ziehen, begegnet. Wie oft wird allein der Vorwurf erhoben, solcher Idealismus sei unrealistisch? Ist es realistischer, die Änderung zu verweigern, in alten Denkgewohnheiten steckenzubleiben und über das heraufziehende Unheil zu klagen, das hoffentlich irgendein magisches Wunder verhindern soll, ohne daß wir selbst die Verantwortung dafür übernehmen?

Worauf kann sich unsere Hoffnung und unser Vertrauen in die Zukunft stützen? Sicher nicht allein auf die Scheinsicherheiten der verwalteten Welt, in der täglich geschieht, was wir noch Stunden zuvor für unmöglich gehalten hätten. Es wird nicht geschehen, wenn wir es nicht durch eine Veränderung unserer Grundeinstellung zum Leben bewirken. Jeder sollte nur einen Augenblick darüber nachdenken: Wie sollte sich in meiner Familie etwas ändern, ohne daß ich mich zuerst ändere? Wie kann sich im Betrieb und im Beruf etwas ändern, ohne daß ich meine Mitarbeiter, meine Kollegen, meine Vorgesetzten oder Untergebenen (beides sind schon in sich falsche Bezeichnungen) von mir aus anders zu sehen beginne? Wie soll sich im öffentlichen Leben, in meiner Kirchengemeinde, in meiner Nachbarschaft etwas ändern, ohne daß ich mich selbst engagiere, nicht um meinetwillen, sondern um mit anderen zusammen in einer Gruppe behutsam Verständnis für die Notwendigkeit der Entwicklung eines neuen Bewußtseins zu wecken?

Eine Gesellschaft ändert sich nicht durch Parolen, Aufrufe, Demonstrationen, Anordnungen oder Parlamentsreden, sondern nur durch die Veränderung des Bewußtseins der Allgemeinheit und die Rückbesinnung auf die einfachen Grundsätze der Menschlichkeit im Umgang miteinander. Was wir brauchen, ob wir jung oder alt sind, ist Ehrlichkeit mit uns selbst. Wie viele ältere Menschen fürchten, von Jüngeren nicht verstanden oder mißachtet zu werden? Ist der Ruhestand nichts anderes als Warten auf ein Ende, weil man für eine Leistungsgesellschaft angeblich nicht mehr voll brauchbar sei? Oder gibt es Brücken des Verstehens, Möglichkeiten, in denen die Älteren sogar zu Botschaftern der Jüngeren werden gegenüber der Starre von Institutionen? Ist ein gelebtes Leben kein Reichtum, den man weitergeben könnte und möchte, ohne sich zu rühmen oder seine Eitelkeit zu befriedigen? So einfach wäre die Verwirklichung eines neuen Bewußtseins der Zusammengehörigkeit um einer anderen Zukunft willen, wenn wir uns entschließen würden, die Angst vor der Fremdheit und die Vorsicht des Mißtrauens abzulegen, um Menschen zu sein – der eine dem anderen der Nächste.

Es gibt eine alte Legende, die mir ein Leben lang im Gedächtnis blieb: Ein vorsichtiger Pilger bittet Petrus, ihm den Unterschied zwischen Himmel und Hölle zu erklären. So kommt er in einen Raum, in dem viele Menschen an einem mit den köstlichsten Speisen und Getränken gedeckten Tisch sitzen. Aber sie leiden Höllenqualen, denn ihre Arme und Hände sind steif, so daß sie keine der Speisen zum Munde führen können. Jammern und Stöhnen erfüllen den Raum. Dann führt Petrus den Besucher in einen zweiten Raum. Wieder sitzen unendlich viele Menschen vor einer reich gedeckten Tafel. Auch ihre Arme und Hände sind steif, aber sie sind fröhlich und heiter, denn sie reichen einander die Speisen trotz der steifen Arme und füttern sich hilfreich gegenseitig die kostbaren Speisen und Getränke. Und so begriff der Pilger den Unterschied zwischen Hölle und Himmel. – Vielleicht gelingt es auch uns eines Tages trotz aller erstarrten Steifheit des Verharrens in der Isolation, einander gebend zu helfen – um einer anderen Zukunft willen, die wir wagen wollen.

Zwischen Anruf und Antwort

Martin Buber verdanken wir aus den Erzählungen der Chassidim jenes Gespräch zwischen dem Gefangenen Rabbi Salman und seinem Kerkermeister, der ihn fragt: »Wie ist es zu verstehen, daß Gott, der Allwissende, zu Adam spricht: ›Wo bist du?‹« Nachdem der Rabbi seinen Aufseher zuvor gefragt hat, ob er daran glaube, daß jedes Geschlecht und jeder Mensch in der ewigen Schrift beschlossen sei, und dieser bejaht, gibt ihm Salman die Antwort: »In jeder Zeit ruft Gott jeden Menschen an: Wo bist du in deiner Welt? So viele Jahre und Tage von den dir zugemessenen sind vergangen, wieweit bist du derweilen in der Welt gekommen? Sechsundvierzig Jahre hast du gelebt – wo hältst du?« Als der Kerkermeister die Zahl seiner Lebensjahre hört, ruft er dem Rabbi zu: »Bravo!« Aber sein Herz flattert.

Dieser wahre Bericht ist älter als die täglichen Meldungen unserer Sensationspresse, daß die Anzahl der an Herzerkrankungen sterbenden Menschen größer ist als alle anderen Krankheitsursachen einschließlich der Krebsleiden zusammen. Wir pflegen uns mit der optimistischen Vorstellung zu beruhigen, daß es nur eine Frage der Zeit und der naturwissenschaftlichen Entwicklung ist, bis auch diese Krankheit besiegt sein wird. Die Fortschritte der naturwissenschaftlich-technischen Medizin haben es in hundert Jahren ermöglicht, die Durchschnittslebenserwartung um das Doppelte zu erhöhen. So wird uns die Krankheit gewiß nicht ohne Hilfe antreffen. Die Vorstellung, daß Krankheit etwas mit unserem Leben und unseren Gefühlen zu tun haben könnte, verdrängen wir.

Aber wie kommt es, daß unser Herz so oft flattert und unseren kühlen, nüchternen Überlegungen einen Streich spielt, ohne daß ein sichtbarer oder deutlich erkennbarer Anlaß gegeben ist? Schauen wir einen Augenblick zurück! Wir werden in unserer Welt dazu erzogen, allen Dingen auf den Grund zu gehen, ihre Gesetzmäßigkeiten zu erforschen und den Zusammenhang von Ursache und Wirkung erkennen zu lernen. Aber trotz aller Erkenntnis, die uns Macht über die Kräfte der äußeren Natur verleiht, scheinen wir der inneren Natur des Menschen um so weniger Herr zu werden. Unsere Angst wächst, und immer mehr Menschen stellen die Frage nach dem Sinn des Lebens.

Wir wissen, daß die Zerstörung allen Lebens durch einen Knopfdruck in einem kurzen Zeitraum möglich wäre, und nennen diesen Frieden das Gleichgewicht des Schreckens oder das atomare Patt, als handele es sich um ein Schachspiel und nicht um unser Leben. Staatsmänner, Wissenschaftler und Techniker beruhigen uns mit dem Hinweis, daß dies notwendig sei, weil niemand dem vorgestellten Gegner vertrauen könne, jedoch keineswegs anzunehmen sei, daß der eine oder der andere jeweils von dieser entsetzlichen Möglichkeit tatsächlich Gebrauch machen werde. Aber sind wir dessen so sicher? Was gibt uns diese Sicherheit? Wir könnten nur dann darauf vertrauen, wenn wir annehmen dürften, daß alle Menschen, die diese Verantwortung tragen, wirklich die Absicht haben, das Leben der Menschen zu erhalten, die ihre Nächsten sind, vielleicht sogar das ihrer Feinde. Klingt das glaubwürdig in einer Welt, für die das Christentum wenig konkrete Bedeutung zu haben scheint?

Es wäre nun einfach, anzunehmen, diese real begründete Angst einer ständigen, ungewissen Todesdrohung bringe die Menschen so sehr in Verwirrung, daß ihre Krankheiten und Ängste zunehmen. Aber das wäre zu einfach. Wir alle sind für diese Art des Lebens mitverantwortlich, weil wir uns nicht genügend zur Wehr setzen gegen die Zumutung einer ständigen Vernichtungsdrohung. Warum also lassen wir es zu?

Wir sind von unserer Kindheit her gewohnt, Antworten und Erklärungen zu bekommen, wenn wir etwas nicht verstehen. Diese Antworten sind einfach, wenn es sich um Ursachenzusammenhänge handelt, sie werden schwierig, wenn nicht unmöglich, sobald unsere Fragen auf Sinnzusammenhänge zielen. Dieser Sinn des Lebens ist es, der vielen Menschen abhanden gekommen zu sein scheint. Er wird als fragwürdig dargestellt mit dem Hinweis, daß die Glaubensberuhigung vielleicht die Flucht in eine innere Welt sei, die der äußeren gar nicht entspreche. Wie oft stehen wir vor dem Rätsel, daß Menschen aus der Fülle ihres Lebens plötzlich wie ein Baum von unsichtbarer Hand gefällt zusammenbrechen. Keineswegs alte Menschen, nein, junge Menschen in den mittleren Jahren zwischen 30 und 40. Nikotin, Alkohol, Überarbeitung, Mangel an Bewegung und viele andere Ursachen werden zur Erklärung herangezogen, aber meist findet der Anatom nach dem Tode am Herzen selbst nicht die geringste Spur einer Veränderung oder Krankheit, die den plötzlichen Tod tatsächlich erklären würde.

Wir leben meist, als seien wir für uns selbst da, für das Unsere und die Unsrigen. Dabei erfüllen wir Aufgaben, Pflichten und sehr oft viele Arbeiten, die dem Wohl der anderen dienen. Aber plötzlich taucht unversehens die Frage auf: Wozu das alles? Dann stehen wir vor uns selbst, wie wir uns nicht kennen. Wir haben uns auf etwas eingelassen, das uns als notwendig, vielleicht sogar verlockend erschien, weil es unseren Idealvorstellungen und Wünschen neue Verwirklichung versprach. Aber kaum haben wir ein Ziel erreicht, zeigt sich schon ein neues, das nicht weniger verlockend für unsere Vorstellungen von unserem Glück ist. Dabei fragen wir uns wenig, wie dieses Glück beschaffen ist, das wir erstreben. Wir wollen etwas haben, etwas erreichen, es den anderen zeigen, etwas gelten und Befriedigung darin finden, unsere Wünsche aus eigener Kraft erfüllt und durchgesetzt zu haben gegen alle scheinbar unüberwindlichen Widerstände. Das gilt nicht nur für den einzelnen. Auch im Leben der Völker stehen Tüchtigkeit, Konkurrenz, Rivalität, Durchsetzungskraft und Erfolg im Vordergrund.

Der Preis, den wir dafür entrichten, ist die Angst, zu versagen. Wir werden zum Funktionsmittel der von uns selbst entwickelten Perfektions-Ideen, denen wir uns versklaven, ohne nach dem verborgenen Sinn dieser Ideen für unser eigenes Leben zu fragen. Aber was ist Erfolg? Bestätigung für unsere Selbstliebe? Werden wir dadurch mehr Liebe und Zuwendung empfangen als zuvor, oder werden wir einsamer? Und können wir anderen Liebe geben, wenn wir selbst nach Selbstbestätigung gierig sind?

An dieser Frage entscheidet sich unser Ich. So erwachsen unsere Taten auch erscheinen mögen, ihre verborgenen Motive können sehr kindlich sein. Wir sind enttäuscht, wenn alles

Rennen, Jagen und Hasten inmitten ehrgeiziger Arbeit uns am Ende doch nicht zu dem ersehnten Ziel der kindlichen Motive führt: geborgen und sicher zu sein in spürbarer Liebe.

Dann plötzlich taucht die Frage auf: Was hat nun alles für einen Sinn gehabt? Wir fühlen uns leer, traurig und zu Tode erschöpft. Diese Frage rufen wir in die Welt, als erwarteten wir eine Antwort, und sind dann wütend oder enttäuscht, wenn diese Antwort nicht sofort erfolgt. Oder wir hören und verstehen sie gar nicht, weil unsere Ohren taub und unsere Augen blind wurden von der Einseitigkeit unserer Erwartungen. So wiederholen wir die Frage und übersehen dabei, daß nicht wir fragen können, sondern daß wir aufgefordert sind zu antworten. An uns selbst ist eine Frage gerichtet: »Adam, wo bist du?« Wir müssen Rechenschaft geben mit allem, was wir tun, denken und fühlen.

Unser Leben selbst ist die beredte Antwort auf diese Frage, der wir ständig zu entgehen suchen. So verstecken wir uns vor dem Anruf in der Wichtigkeit und Bedeutung unserer Ämter und Aufgaben, hinter der Ausschließlichkeit und Erfüllung unserer Liebesbeziehungen, hinter der Bedeutung unserer Person. Aber dennoch befriedigt uns dies alles nicht. Es ist, als würden wir ständig mit unserer Antwort danebenraten, ohne die Bestätigung: Ja! Richtig!

Je mehr wir dies fühlen, desto hartnäckiger wird unser Wunsch, uns diese Selbstbestätigung zu ertrotzen. Freilich kennen wir das uralte Wort: »Was hülfe es dem Menschen, wenn er die ganze Welt gewönne . . . «, oder das andere: »und hätte der Liebe nicht . . . « Unser Verstand will uns beweisen, daß wir alles stets nur aus Liebe, nur um der anderen willen tun. Aber unser Herz ist unruhig, weil uns die eigene Antwort täuscht. Wir haben Angst, zu behaupten, unsere Antwort sei richtig, weil wir fühlen, daß es nicht stimmt. Aber unsere Gefühle sind nicht gefragt in dieser realen Welt der Forderungen, Neigungen und Zwänge, in der wir unseren Platz erkämpfen und behaupten müssen. Wohin also mit diesen Gefühlen?

Wir haben ein Bild, das wir uns von uns selbst gemacht haben. Wir nennen es unsere Identität und kämpfen um die Erhaltung dieses Idealbildes, aber es stimmt nicht überein mit unserer Wirklichkeit, die wir allzu gerne verleugnen, um sie vor uns selbst zu verbergen. Wir fühlen uns entdeckt und voller Schuld, wenn wir mit unserer eigenen Wirklichkeit konfrontiert sind. Es sind Versäumnisse der inneren Entwicklung, Augenblicke, in denen wir uns gegen das eigene Werden und Reifen entschieden haben, um schneller greifbareren und ungeduldig erwarteten sichtbaren Erfolgen nachzujagen. So gibt es neben unserer offiziellen Lebensgeschichte der äußeren Repräsentation eine andere, innere Erlebnisgeschichte – jene Identität unserer Übereinstimmung oder Entfernung von dem Anruf, dem wir folgen oder vor dem wir fliehen können, so weit, bis wir glauben, die Stimme könne uns nicht mehr erreichen, weil wir ihren Ruf verleugnen.

Es ist unsere Anmaßung, die behauptet, das Recht zu haben, nach dem Sinn des Lebens zu fragen, das wir nicht uns selbst verdanken. Es wurde uns gegeben, verliehen, auch wenn wir meinen, frei für uns selbst darüber bestimmen zu können. Unser Unbewußtes weiß dennoch, daß wir im Inneren unmoralischer sind, als wir vorgeben zu sein, aber es weiß auch, daß wir besser und moralischer sind, als wir uns selbst anklagen: Zerknirschung ist der gefährliche Zwilling des Sich-selbst-Rühmens, beide sind weit von der Wirklichkeit entfernt.

Unser Leben ist wie ein Gewebe aus gut und böse. Wir knüpfen die Fäden, und dennoch wünscht sich unsere Sehnsucht, gut zu sein, um nicht am Ende einsam, verlassen und ungeliebt dazustehen. Wir sind nicht so vollkommen, daß wir den Willen zum Bösen aus uns tilgen könnten, aber wir können dessen innewerden, daß dies unser eigener Wille ist, der sich dem Anruf verweigert.

Auch die selbstzufriedene Idylle des für den Hausgebrauch zurechtgezimmerten Glaubens, in den wir uns vor der gefallenen, bösen Welt zurückziehen möchten, schützt uns nicht vor dem Anruf, der uns mahnen will, wie selbstgerecht wir geworden sind auf der Flucht vor den Zumutungen der Welt. Es gibt kein Ausweichen, keine Beruhigung, kein Stehenbleiben, weil uns die Fülle des Lebens ständig verpflichtet, auf die Zeichen Antwort zu geben, die unser Geist empfängt – von innen wie von außen.

Je mehr uns die äußere Natur verfügbar wird, desto unausweichlicher stehen wir vor unserer inneren Natur. Die Tiefenpsychologie hat eine Revolution entfacht, weil sie die Selbsttäuschungen des formalistisch gesicherten Glaubens enthüllt hat, um zu einer weiteren Entwicklung aufzurufen, wo wir selbstzufrieden stehenzubleiben und uns dem Anruf selbstgerecht zu verweigern drohten. Wir sind aufgerufen, mehr vom Menschen zu erkennen, mehr von uns selbst zu wissen. Der Tod steht nicht am Ende des Lebens, er ist eine Stufe, nicht mehr und nicht weniger, denn das Sterben geschieht bereits unterwegs. Verleugnen wir dieses Sterben, das in all seinen Verzichten und Verlusten unabweisbar mit dem Werden verknüpft ist, so erstarren wir und verweigern die Wandlung, die uns in jeder Lebensphase ergreift. Es gibt keine einmalige Antwort, denn die Frage: Wo bist du, wo hältst du in deinem Leben, wie weit bist du in deinem Leben gekommen? ergeht jeden Tag, jede Stunde neu an uns.

Wir leben in einem technischen Zeitalter. Den Menschen unserer Zeit sind technische Fakten vertrauter als vieles andere. Wir begreifen leicht das tödliche Erschrecken eines Piloten im Blindflug, wenn er jäh erkennt, daß er von der Führungslinie des unsichtbaren Funkleitstrahls nach links oder rechts, nach oben oder unten zu weit abgewichen ist und sich in einer Katastrophengefahr befindet. Der Anruf: Du bist mein! – es ist der unsichtbar vorgezeichnete Weg: die Frage, auf die wir Antwort geben mit unserem Leben. Wir sind zu hoch, zu niedrig, zu weit nach den Seiten ausgewichen oder auf dem Wege stehengeblieben, vorausgelaufen, umgekehrt oder zurückgelaufen, wo wir glaubten, früheres Glück retten zu können, als wir unserer Angst innewurden.

Gewiß, die Tiefenpsychologie hat andere Namen und Begriffe für dieses Verfehlen der menschlichen Existenz: Retardierung, Regression, Fehlidentifizierung, Konversion seelischer Konflikte in die Körperlichkeit, Resomatisierung oder wie immer wir in der wissenschaftlichen Sprache die Vorgänge der inneren Entwicklungsprozesse bezeichnen mögen. Die Schuldvorstellung umfaßt hier in der Therapie auch das subjektive Schuldgefühl eines Versäumnisses. Das Real-Ich entspricht nicht dem Ich-Ideal. Das kann Folge einer unwirklichen Größenidee des Ich-Ideals sein, in der kindliche Allmachtsvorstellungen steckengeblieben sind, und es kann eine Bequemlichkeit, ein Mangel an Idealforderungen sein, die der einzelne herbeigeführt hat, um sich möglichst gemütlich im Leben einzurichten. Stets bleibt es jedoch eine Auseinandersetzung des Menschen mit seinen eigenen Lebensentwürfen, Phantasien und Vorstellungen, die ihn zwingen, seine eigene Realität zu prüfen, wenn er nicht jäh von der Angst des Verfehlens befallen werden will.

Aber was verfehlt er? Möglichkeiten, die er entwickeln könnte, die das Leben ihm bietet, aus einer Verweigerung der Antwort. Weil er so bleiben möchte, wie er selbst glaubt sein zu können.

Diese Verweigerung ist es, die viel mehr Menschen unglücklich macht: Lebenshast, Gier und Reduktion der Existenz auf die sozialen Rollen der Macht und Bemächtigung, Managertum und Managertod, all dies sind nur die Folgen mangelnder Verantwortung der eigenen inneren Entwicklung, Ergebnis der Selbstzufriedenheit, Selbstgerechtigkeit und Selbsttäuschung, hinter denen das Herz flattert, weil es von Angst befallen wird über das Versäumte, kaum Nachzuholende.

»Unser Herz ist unruhig, bis es ruht in dir ... « – die Sehnsucht der Heimkehr zum Ursprung ist zugleich die Kränkung des Menschenstolzes, der sich als Verdienst zuschreibt, was bloße Verfehlung des Anrufes sein kann, Mangel an Antwort, Mangel an Verantwortung.

Wir sollten hinhören lernen, um mit unserem Leben antworten zu können, und einsehen, daß es schwer ist, den Ort zu bestimmen, an dem uns jeweils die Frage erreicht: Adam, wo bist du?

Nachbemerkung

Die einzelnen Kapitel des vorliegenden Buches beruhen – mit Ausnahme des ersten – auf öffentlichen Vorträgen, die der Autor vor allem im Süddeutschen Rundfunk oder auf dem Deutschen Evangelischen Kirchentag gehalten hat; auch drei Zeitschriftenaufsätze sind in den vorliegenden Band aufgenommen worden. Alle diese Texte wurden für die Buchpublikation durchgesehen, gekürzt oder überarbeitet sowie größtenteils mit neuen Überschriften versehen, um einen einheitlichen Duktus in formaler wie in gedanklicher Hinsicht herzustellen.

Trotz dieser nicht unbeträchtlichen Veränderungen mag es für den Leser von Interesse sein, das Entstehungsjahr der Erstfassungen zu erfahren: Zwischen Hirn und Herz (1984); Angst aushalten (1975); Schuld annehmen (1979); Isolation durchbrechen (1971); Solidarität erlernen (1977); Aggressionen bewältigen (1969); Mit Technik leben (1967); Zum Frieden erziehen (1967); Auf Gewalt verzichten (1971); Seelisch gesunden (1971); Glaubwürdig leben (1981); Einsamkeit ertragen (1974); Tod und Sterben annehmen (1983); Zukunft wagen (1983); Zwischen Anruf und Antwort (1972).

Einige dieser Texte hatten in anderem Zusammenhang Eingang gefunden in das 1973 erschienene, aber seit Jahren vergriffene Buch des Verfassers mit dem Titel »Sind wir verrückt? Lebensprobleme des modernen Menschen«, das der Kreuz Verlag als Band 1 der Reihe »Maßstäbe des Menschlichen« veröffentlichte. Das vorliegende Buch tritt an dessen Stelle, ist aber keineswegs damit identisch.